名門も、難関校も！

小学校受験を決めたら

三訂版

願書の書き方から面接対策まで
この一冊で完全攻略

まってるね！

はじめてでも大丈夫
合格育成BOOK

Shinga-kai

はじめに

　これからお子さんが就学時期を迎えるご家庭では、どのような進路を選択すべきか、迷われることもあるかと思います。特に近年は、よりよい環境を求めて、高校や大学まで一貫教育が受けられる小学校を受験されるご家庭が増えています。また、情報過多の時代ゆえに、受験にあたっては、さまざまな情報によって不安やとまどいを抱かれる保護者の方も多いようです。

　伸芽会は創立以来半世紀を超える歴史の中で、お子さんの大切な幼児期の成長を支えてきました。楽しい体験を積み重ねる授業で力をつけ、名門小学校にたくさんの合格者を輩出しております。小学校受験では、願書の内容や面接時にうかがえる親の姿勢が非常に大切になることは言うまでもありません。

　本書は、お子さんの小学校受験を初めて経験される方々に知っておいていただきたいこと、また疑問を抱きがちな点やヒントになるようなアドバイスを、さまざまな観点からまとめています。出願書類の学校別記入例では、願書や面接資料の実例を掲載しました。お子さんにとって、勉学に励める豊かな児童期を過ごせる学校選び、また志望校への合格を勝ち取る一助になれば幸いです。

　末筆になりましたが、本書編集にあたり、ご協力いただいた皆さまに心より感謝申し上げます。そして保護者の皆さまが改めてご家庭やお子さんの将来を考える機会を持つことで、お子さんの健やかな成長と幸せな未来につながるよう願っております。

伸芽会教育研究所

目次

※本書に掲載されている情報は、小学校公表情報と伸芽会教育研究所調査を併せたデータです。情報は変わる場合もありますので、詳しくは各学校のホームページや募集要項などでご確認ください。

※各学校の出願書類の記入例は、あくまでも「例」とするために各学校の書類から一部抜粋したものであり、実際の書類とは異なっていることをご了承ください。また、志望理由など具体的に掲載していますが、どのようなことを書いたらよいのかといった、参考資料としての位置づけをとっております。必ずしも、この通りに記入すれば合格する、ということではありませんので、ご理解ください（面接の答え方事例も同様です）。

入試準備のための自己診断 Check 30

志望校の決め方、入試の内容、どのようなことを注意すべきかなど、
小学校受験についてどのくらい知っているかチェックしてみましょう。

チェック	チェック項目	ポイント
☐	受験する学校は共学ですか、別学ですか？	学校選びをするうえで、共学か別学か、宗教色はあるか、上級学校はどこまであるかを知るのはとても大切なことです。附属小学校であれば、高校や大学まで続く一貫教育のスタートとなるので、よく考えて選びましょう。
☐	宗教系の学校ですか？	
☐	大学まで進める学校ですか？	
☐	学校の教育の特色を知っていますか？	学校選びのポイントとして、学校の教育理念や教育内容を知っておくことも重要です。独自のカリキュラムを編成している学校もあります。校風や教育内容が子どもと家庭に合うかどうかを見きわめましょう。
☐	募集定員は何人ですか？	募集定員、通学方法、倍率、初年度に必要な費用などの下調べをしておけば、受験直前にとまどうこともありません。自宅から学校までラッシュ時に子どもの足でどのくらい時間がかかるのかを知っておくことも、入試当日に役に立ちます。通学時間や通学区域の制限がある学校もあるので、事前に確かめておきましょう。また、制服があるのか、私服かもチェックしましょう。
☐	入試の倍率はどのくらいですか？	
☐	自宅から学校までの通学時間はどのくらいですか？	
☐	交通機関は何を利用しますか？	
☐	学校は通学時間、通学区域を制限していますか？	
☐	制服はありますか？	
☐	初年度にかかる費用はいくらですか？	
☐	学校説明会、見学会はいつごろ開かれますか？	学校説明会では教育の特色について直接話を聞くことができ、見学会では普段の学校生活の様子がうかがえて、学校選びをするうえで非常に役立ちます。また、面接で公開行事の感想を聞かれることもあります。志望校の入試関連行事にはぜひ参加しておきたいものです。

チェック	チェック項目	ポイント
☐	願書の配付、出願の時期はいつごろですか？	願書は文字通り「お願いの書」です。書類に不備があったり、志望動機などを思うように書けなかったりすることのないように、出願書類は早めに入手して準備することが大切です。出願方法や提出期限の日時もよく確認し、間違えないようにしましょう。
☐	提出書類にはどのようなものがありますか？	
☐	願書には写真が必要ですか？	
☐	出願は窓口、郵送、Ｗｅｂのどれですか？	
☐	面接はありますか？	多くの学校で、親子面接や保護者面接が実施されます。子どものテストではわからない親の教育観や子育ての姿勢を知ることが目的です。日程は考査日より前や考査当日という学校が大半です。面接資料を提出する学校もあります。また、キリスト教系の学校ではシスターが面接官で、子どもがその姿に驚くこともあるため、事前に伝えておくなどの配慮が必要です。
☐	面接は考査日前ですか、考査当日ですか？	
☐	面接は親子面接ですか、保護者面接ですか？	
☐	面接ではどのようなことを聞かれますか？	
☐	面接資料を提出する学校ですか？	

チェック	チェック項目	ポイント
☐	どうしてその学校を志望するのですか？	面接では保護者が学校について理解しているか、子どもにどのように育ってほしいかをよく聞かれます。学校への認識不足や家庭の教育方針の相違は面接官に悪い印象を与えてしまいます。事前に話し合ってまとめておきましょう。
☐	お子さんにどのように育ってほしいですか？	
☐	家庭の教育方針を説明できますか？	
☐	考査は何日間ですか？	子どもの考査では、どのような問題が実際に出されるのか、保護者としては一番気になるのではないでしょうか。事前に受験のガイドブックやインターネット、知人から情報を得るなど、いろいろな方法で調べておくとよいでしょう。考査の形式、出題傾向などを正しく把握し、効果的な準備を進めることが肝心です。子どもが万全な体調で臨むためには、入試の日程も軽視できない要素です。
☐	考査はどのような形式で実施されますか？	
☐	受験番号、考査日程はどのように決まりますか？	
☐	ペーパーテストはありますか？	
☐	運動テストや制作テストはありますか？	
☐	どのような問題が多く出されますか？	

小学校受験の予備知識を押さえておこう

入学準備ファイル

準備をスムーズに進めるためにも、受験についての予備知識を頭に入れておきましょう。私立・国立、共学・別学など学校の種類、一貫教育制度や宗教教育といった特色を理解したうえで、選考方法や学校が求める家庭像などを調べておくとよいでしょう。

- 小学校受験とは
- 受験を決めたら最初にすべきこと
- 一貫教育の進路パターン
- 入試で行われる考査の種類
- 小学校はこんな子を求めている
- 気をつけるべき親のタイプとは
- お受験Ｑ＆Ａ

小学校受験とは

日本では就学年齢に達した子どもの大多数は公立小学校に入学します。
その中で、私立や国立小学校を選択するということはどのような意味があるのでしょうか。
公立小学校との違い、特色、メリットなどをまとめました。

なぜ今、小学校受験をするのか

　子どもが就学年齢に達すると、住所地の自治体から就学通知書が送られてきます。公立小学校は住所によって入学する学校が決まる学区制があり、それに従わなければなりません（区域内の学校選択が可能な自治体もあります）。これに対して私立・国立小学校は、通学制限を設けている学校はあるものの、原則自由に学校を選択できます。ただし入学試験に合格しなければ入学できません。

　子どもを私立・国立小学校へ入学させたい理由としては、①教育理念・教育方針に賛同して、その学校で人格形成を図りたい、②中学校以降の受験を回避するために、一貫教育制度がある小学校に入学させたい、③よりよい教育環境で学ばせ、有名中学校、有名高校、有名大学に合格する確率を上げたい、④学区内の公立小学校に不安がある、などが挙げられます。また①には、親や祖父母などがその学校の出身というケースも多く見られます。志願者が多く難関といわれる学校もありますが、伝統と実績を誇る名門校であったり、独自の教育方針のもと、公立ではかなわない体験ができたりする点は大きな魅力でしょう。高校や大学までの一貫校であれば、受験勉強の時間を興味・関心のあることに費やせるというメリットもあります。

私立は独自性の高い教育が特徴

　私立小学校には、創立者の建学の精神や教育理念があり、それに沿った教育を行っているのが特徴です。国立小学校はすべて共学で宗教色はありませんが、私立には男女別学や、宗教教育を行う学校があります。別学の学校は一貫教育を行っていることが多く、高校まである場合は小学校から12年間別学で過ごすことへの認識を問われることがあるようです。宗教教育を行う学校は信者である必要はありませんが、普段の学校生活での礼拝や行事、日曜学校への参加など、宗教への理解や協力を求められます。また、歴史が古く伝統を守りながらも、外国語教育、国際教育、ＩＣＴ教育など時代に即したカリキュラムを取り入れている学校が多い点も公立校との大きな違いといえるでしょう。

　私立は学費が高く、保護者の経済的負担は大きくなります。出願資格として通学区域や通学時間を制限している学校もあります。制限を明示していなくても、多くの学校が遠距離通学による子どもへの負担を危惧していることは留意しておきましょう。

国立は小学校からの受験が有利

　国立小学校は、お茶の水女子大学、筑波大学など国立大学に附設され、大学の研究機関としての面も持っています。いずれも人気が高く、入試倍率が60倍を超える学校もあります。人気の理由は、教師、児童、保護者の意識が高いなど教育環境がよいこと、先進的な教育にいち早くふれられること、系列の中学校へ内部進学できることなどです。概して国立大学附属中学校はレベルが高く、外部の小学校から受験する場合は校内トップクラスの成績の子どもたちしか合格できないともいわれます。そのため、中学校よりも小学校からのほうが入学しやすいとされています。ちなみに、東京都内の国立大学附属中学校から附属高等学校への内部進学率は30～80％となっています。

　国立小学校の出願資格には、通学区域や通学時間の制限があります。入学時には区域内に在住していても、在学中に区域外に転居すると退学になります。また、多くの学校で入試において抽選が実施されます。

受験を決めたら最初にすべきこと

小学校受験は最初が肝心です。受験を決めたらまず何をするべきか、
志望校はどのような観点で選べばよいか、気をつけたいことをお伝えします。
悔いが残らないよう、ポイントを押さえて準備を始めましょう。

家庭の教育方針を確認する

小学校受験では、本当にわが子に合う学校か、親が望む教育を受けられるのか、などをよく調べたうえで志望校を決めることが大切です。「有名校だから」「周りがみんな受けるから」などと雰囲気に流されて漫然と決めてしまうことだけは避けたいもの。そのためにまず行うべきなのは、両親が家庭の教育方針について話し合うことです。教育方針というと難しく思えるかもしれませんが、「のびのびと好きなことに打ち込んでほしい」「人を思いやれる優しい子になってほしい」「国際的に活躍できる人になってほしい」など、大まかでよいのです。

決められないときは、それまでの子育てをふり返ってみてください。お子さんはどのような性格ですか。好きなこと、得意なことはありますか。お子さんへの声掛けで努めていることはありますか。幼稚園や保育園選びでは何を重視しましたか。習い事はさせていますか。それぞれに、理由や思いがあるはずです。小学校受験の願書や面接でも同じことを問われます。お子さんのことをきちんと把握し、家庭の教育方針が定まっていれば、学校選びや受験対策でもブレずに正しい選択ができるようになります。

志望校選びは多角的な視点で

家庭の教育方針が決まったら志望校選びです。学校の情報はホームページ、パンフレット、受験ガイドブックなどで得ることができます。児童募集関連の公開行事を行っているところも多く、特に学校説明会では基本情報や入試情報が発信されるので、できるだけ参加しましょう。そして情報を多角的に検討することが重要です。私立であれば創立の由来と建学の精神に基づいた教育理念があり、それが授業や行事、学校運営にも反映されています。小学校の開校は近年だとしても、学園創立時の時代背景、創立者の思い、小学校開校までの変遷も知っておきましょう。中学、高校、大学などがある一貫校であれば、内部進学制度や上級学校の特色も調べておくとよいでしょう。

説明会では入試日程や手続きなどのほか、入試内容の説明が行われることもあります。保護者は考査の形式や出題項目に目が向きがちですが、何が出るかよりどうしてその問題を出すのか学校の意図に注目してください。考える力のある子を望んでいるから推理・思考を出す、というように、問題には学校が求める子ども像が表れています。なお、説明会ではほとんどの方が、入試当日と同様の服装で参加されます。場に合った服装を心掛けましょう。

生活習慣を見直しておく

受験対策は幼児教室に入会する、問題集を購入し自宅で取り組むなどの方法がありますが、小学校受験では年齢相応の生活習慣が身についているかどうかが重要です。現時点で何ができて何ができないのか確認し、できないことはできるようにしていきましょう。

● 生活習慣 Check Point

□ 規則正しい生活をしている
□ 家族以外の人に自らあいさつできる
□ 人の話を最後まで聞ける
□ 一人で着替えられる
□ 自分で服をたためる
□ 脱いだ靴をそろえられる
□ 正しい姿勢でいすに座れる
□ 正しいマナーで食事ができる
□ 玩具など使ったものを片づけられる

一貫教育の進路パターン

多くの私立学校が一貫教育を行っていますが、どの学校でも無条件で上級学校に
進学できるとは限りません。小学校は共学でも中学・高校は別学という学校もあります。
一貫教育の私立小学校に入学した場合の進路パターンをお伝えします。

私立学校の一貫教育

幼稚園、小学校、中学校、高校、大学などを持ち、一貫教育を行っている私立学校は、原則として成績が基準以上で、素行に問題がなければ、内部推薦などの形で上級学校に進学できます。中には内部進学にあたり試験を実施する学校もあります。また試験はなくても、大学の学部ごとに内部進学枠が定められており、高校の成績によっては希望する学部に入れなかったり、系列の大学に希望する学部自体がなかったりすることも。大学まである一貫校なら、小学校に合格できれば大学まで進学できるからあとは安心、などと気を抜かずに、そのようなケースも想定しておく必要があります。大学の外部受験に関しては、内部進学の権利がなくなる学校、内部進学の権利を保持したまま外部受験できる学校、系列の大学に希望する学部がなければ内部進学の権利を保持したまま外部受験ができる学校などの例が見られます。

大学まで共学または別学の学校

小学校から大学まで共学の学校があり内部進学できるのは、青山学院初等部、慶應義塾幼稚舎、成蹊小学校、成城学園初等学校などです。一方、白百合学園小学校、聖心女子学院初等科、東洋英和女学院小学部、日本女子大学附属豊明小学校、川村小学校などは、小学校から大学まで女子校です。その中でも、日本女子大学附属豊明のように同大学へ進学する人数が多い学校、または白百合学園のように同大学へ進む人数が少ない学校もあります。

小学校から高校まで別学の学校

小学校から高校まで別学の学校を挙げると、男子校では暁星小学校、立教小学校、女子校では光塩女子学院初等科、田園調布雙葉小学校、東京女学館小学校、雙葉小学校、立教女学院小学校などがあります。このうち暁星小学校、光塩女子学院初等科、雙葉小学校は系列の幼稚園もありますが、いずれも共学です。立教小学校と立教女学院小学校は、成績等の基準を満たしていれば立教大学まで進めます。そのほかの学校は、高校卒業時に大学受験をすることになります。雙葉系列が高校までなのは、大学は自分自身で選択するように、という自立を促す教育方針を取っているためです。

小学校は共学で中・高は別学の学校

学習院初等科は幼稚園と小学校は共学ですが、中学校と高校は別学です。男子は学習院中等科・高等科、女子は学習院女子中等科・高等科に進みます。聖学院小学校も幼稚園と小学校は共学ですが、男子は聖学院中学校・高等学校、女子は女子聖学院中学校・高等学校と別学になります。桐朋小学校は幼稚園と小学校が共学で、系列の桐朋学園小学校も共学ですが、中学校と高校は別学です。どちらも男子は桐朋中学校・高等学校、女子は桐朋女子中学校・高等学校への推薦制度があります。晃華学園小学校、昭和女子大学附属昭和小学校、カリタス小学校は、幼稚園（またはこども園）と小学校は共学ですが中学校と高校は女子校です。男子はほかの私立か国立、公立中学校に進学します。

入試で行われる考査の種類

私立・国立小学校の入学試験では、考査としてペーパーテスト、集団テスト、個別テスト、
運動テスト、面接が行われます。学校によって考査の種類や組み合わせは異なります。
志望校ではどのような考査が行われるのか、よく調べて準備をしましょう。

ペーパーテスト

小学校入試のペーパーテストでは、話の記憶、数量、常識、言語、推理・思考、観察力、記憶、構成などが多く出題されます。ペーパーテストといっても、ほとんどの学校では文字を読ませることはありません。録音した音声や口頭での指示を聞き取り、絵を見て解答する形式が中心です。どのような形で出題されても、指示をしっかり聞き取ることが要求されます。つける印や訂正方法、筆記用具の色などの指示にも対応しなければなりません。また、出題範囲が多岐にわたるため、多くの問題に取り組んでおく必要があります。未体験の領域だと平面上の絵だけではイメージしにくいので、具体物を使ってしっかり体験しておくことが必要です。幼児にとっては短い時間で解答しなければならないため、日常生活の中で時間を意識させていくことも大切です。

面接

多くの学校で面接が実施されます。保護者のみ、親子で、など学校により形式は違いますが、保護者には志望理由や家庭の教育方針、子どもの長所・短所、子どもには幼稚園（保育園）生活や家族とのかかわりなどについてよく質問されます。また、願書や面接資料にも志望理由や家庭の教育方針などを書く欄があります。書類を提出する前にコピーを取り、書類と面接の答えが一致するよう注意してください。子どもの面接対策はあいさつから始め、初対面の大人とも臆せず話せるようにしておきましょう。

集団テスト

集団での行動観察を実施する学校が多いのが、小学校入試の大きな特色の一つです。グループで絵を描いたり制作をしたりする課題のほか、チームに分かれてゲームやごっこ遊びを実施する学校もあります。それらの課題を通して、集団の中での協調性やコミュニケーションの取り方を見られています。初対面の子ども同士で相談をするのはなかなか大変ですが、積極的に自分の意見を相手に伝えられるとよいでしょう。

個別テスト

個別テストの観点は、子どもの思考力や工夫力です。そのためか簡単な口頭試問をはじめ、構成や巧緻性、生活習慣の課題が多く出されています。課題に対する理解度はもちろん、質問に対する反応や会話の滑らかさ、言語表現力など、本人の性格や性質を総合的に見られます。また、パズルや積み木など、「操作」する力を要求される課題も多いので、普段から巧緻性や発想力、構成力を高めておくことも大切です。

運動テスト

小学校入試では、年齢相応の体力・運動能力を見る運動テストも実施されます。基礎体力を見る課題のほか、平均台や跳び箱などの体操器具を使う運動、ボール投げ、玉入れなどゲームのような課題もあります。苦手な項目があれば克服しておくとともに、機敏性やリズム感なども高めておきたいものです。また、課題の指示に対する注意力、持久力や忍耐力、頑張って取り組もうとする意欲なども同時に見られています。

小学校はこんな子を求めている

私立・国立小学校では、就学年齢に見合った能力をバランスよく
備えている子どもを求めています。完璧な能力を備えた子はいないとしても、
できるだけ小学校が望む理想像に近づこうとする努力が大切です。

小学校が求める子とは

多くの私立・国立小学校が求めているのは、知識ばかりを詰め込まれた子どもではなく、見る力、聞く力、話す力、考える力、行う力をバランスよく備えている発想力豊かな子どもです。特に難関校に合格している子は、受験時期にはすでに児童期への成長を遂げていて、バランスよく力が備わっているようです。子どもがグループになって相談するとき、自分の意見を通すのに夢中なのが幼児期で、そこから成長しリーダーシップを取り始め、発言しないお友達への気配りもできるようになるのが児童期です。学校は知的な発達度だけでなく社会的発達度、身体的発達度などを見ると同時に、非認知能力を備え、きちんとしたしつけを受けて育てられた子どもを求めています。受験では両親が担う役割も大きく、面接のほか願書やアンケートなどの提出書類も重要であり、テストと併せて総合的に判断されることになります。

合格に必要な５つの力

小学校受験で合格するためには、必要とされる５つの力があります。１つ目は「見る力」です。観察力や模写、類似・差異の発見などで必要です。２つ目は「聞く力」で、話の聞き取りや指示の理解に欠かせない力です。３つ目は「考える力」です。多岐にわたりますが、中でも推理する力が大切です。４つ目は「話す力」で、意思の伝達、表現力に重要です。５つ目は「行動する力」で、先の４つの力を基に自分から何かを成し遂げようとする力です。入試の場面では、物事に積極的に取り組む意欲や、状況に応じた的確な行動などが挙げられます。幼児には生まれつき年齢相応に形成されていく感覚と概念があり、さまざまな能力の獲得に最適な時期があると考えられています。幼児の自然な発達の道筋を逃すことなく、合格に必要な５つの力を中心として、時期に合わせ、子どもの力を伸ばす教育を行うことが大切です。

気をつけるべき親のタイプとは

子どもへの接し方は、優し過ぎても厳し過ぎてもいけません。人としてバランスのとれた
教育を心掛け、親自身もともに成長していきましょう。下に5つの親のタイプを挙げましたので、
ご自身にあてはまるところはないか、普段の言動をふり返ってみてください。

Pattern 01　過保護型

あまりにも世話を焼き過ぎると、引っ込み思案で依頼心が強く、忍耐力がない子になってしまいます。自分から行おうとする意欲がないと、生活習慣もしっかり身につかず、集団生活への適応力に疑問符をつけられてしまいます。

Pattern 02　知育偏重型

子どもの発育段階を無視して現在備わっている能力以上の高い要求をすると、頭が混乱して自信のない子になってしまいます。極端に失敗を恐れるようになり、自分から積極的に何かに取り組もうとする意欲が表れてきません。

Pattern 03　過干渉型

行動を始終親に監視されているような、命令・禁止・抑制の多い環境では、自立心や意欲に欠ける子になります。親や他人から指示をされないと、何もしようとしない、何もできない、何をするにも親の顔色をうかがう子になりがちです。

Pattern 04　自己中心型

子どもの目の前でも何かにつけて間違いを他人のせいにし、自分では責任を取ろうとしない親がいます。そのような親の姿を見ていると、社会性・協調性に欠けるようになり、無責任な行動を取って集団から孤立する子になってしまいます。

Pattern 05　溺愛型

親にかわいがられてわがままが通ることが多いため、ほかの人に対してもわがままが出て、子ども同士でトラブルが起きやすくなります。親の前ではよい子でも、ほかの子となじめなかったり、弱い子をいじめたりする子になってしまいます。

Q 志望する学校の関係者が周りにいないと不利でしょうか？

A このようなうわさが絶えないのが小学校受験の特徴でしょうか。保護者の間では、いつの時代でもこの種のうわさが流れているようです。基本的に合否基準には、学校関係者や紹介者の存在は無関係と考えてください。ただし、関係者がいる人のほうが学校への理解度が高いとみなされる可能性はあります。志望校についてしっかり調べ、熱意を持って試験に臨みましょう。

Q 兄や姉が入学していると弟や妹が合格しやすいのですか？

A 兄や姉が入学していると、弟や妹が合格する率は高いといえます。兄や姉のときに行ったご両親の面接の印象は変わりませんし、家庭の教育方針が同じであるのも強みでしょう。ただし、兄や姉の入試のときとは合格基準が変わっているかもしれません。そのことを考えると努力は必要ですし、ただ「きょうだいだから」というだけの理由で合格できるわけではありません。

Q 親が志望校の出身でないと、子どもの合格は難しいのでしょうか？

A そういうことは全くありません。保護者が志望校出身の場合、教育理念や方針になじみがあるという利点はあっても、人生経験を重ねる中で考え方や価値観が変わることもありますから、特に有利な条件とはなりません。ご自身の出身校のことは気にせず、堂々と受験に向かうべきです。むしろ、わが子を入学させたい一心で、志望校と比較してご自身の出身校を悪く言うと、悪い印象を与えかねません。

Q どの学校を受ければよいか、学校選びのポイントを教えてください。

A 目安としては国立か私立、共学か別学、宗教色の有無、附属や系列校がある一貫校、附属や系列校を持たない進学校などの分け方があります。それぞれ特色があるので、ホームページや情報誌、知り合いなどから学校情報を得ることが大切です。しかし、一番は自分の目と耳で得たこと、肌で感じた印象です。学校説明会、入試説明会、見学会、オープンスクールなどに参加して確認しましょう。

Q 小学校入試では、子どものどのような力を見られるのでしょうか？

A 人の話を聞く力や物を見比べる力などの理解力、絵画・制作・身体表現などの表現力、手先の巧緻性、運動能力に加え、個別テストや面接では発表力、行動観察では協調性なども見られます。これらのテストの中で、お子さんが年齢相応に成長しているかどうかが総合的に判断されますから、普段から自立心を高め、身の回りにあるあらゆる物事を意識しながら行動できるようにしておきましょう。

Q 面接の模範回答はあるのでしょうか？

A ありません。面接の時期になると、このような質問をする保護者の方が増えてきます。もし模範回答があって、皆さんが同じように答えたら、面接する先生方はさぞ驚かれるでしょう。服装、装飾品、化粧などを気にする方も多いのですが、学校としては普段の家庭の在り方を知りたいのです。お子さんに対する接し方や教育方針を再確認し、謙虚な姿勢を忘れずご家庭に合った回答を考えてください。

Q 両親の姓が違う場合、キリスト教系の学校に入学できませんか？

A 日本の場合、宗教上の理由や両親の姓が違うという理由だけで入学を認めないということはありません。合否の判定基準は両親の考え方や人柄が大きく、合格した親子にお会いすると、このご家庭なら歓迎してくれるだろうと思える要素を持っていることが感じられます。とはいえ、それぞれの事情もあると思いますので、志望する小学校へ早いうちに相談されるとよいでしょう。

Q 共働きの家庭は受験に不利なのでしょうか？

A 今は共働きのご家庭が増えています。緊急時のお迎えなどに対応でき、学校の方針や行事に協力するという姿勢をしっかり伝えれば不利にはなりません。共働きで合格したご家庭に共通するポイントとして、①中途半端に取り組まない強い覚悟を持っていること、②時間を有効に使うタイムマネジメント力があること、③送迎や家庭学習、家事などをサポートする協力者がいることが挙げられます。

Q 海外生活が長く日本語でのコミュニケーションに不安があります。

A 入試本番で全く先生の質問に答えられないと、多くの子どもたちと一緒に過ごす集団生活への適応力に疑問を持たれる可能性があります。入試までにさまざまな体験をする機会を多く持ち、刺激を受けながら言語能力をできるだけ高めておきましょう。また、外国籍の保護者の方は、願書作成や面接、入学後も日本語でのコミュニケーションが必要になることを意識し、対策を考えておくとよいでしょう。

Q 早生まれの子どもは不利になりますか？

A 幼児の成長は、月齢の差によって大きく変わってきます。一部の私立小学校では、月齢を考慮して統計的な処理をするところもあります。国立小学校の一部では、誕生月を4ヵ月ごとに分けて抽選し、成長の差が合否の判定に影響しないようにしています。中には月齢に関係なく選考する小学校もありますので、詳しいことは説明会などで確認しておくことが大切です。

Q わが子は人見知りをするので、面接を受けられるか心配です。

A 人見知りをするのは愛情をたっぷり受けて育ち、親子の絆が強いことの証ともいえますが、必要以上にお子さんに手出し、口出しをしていないか、かかわり方を見直してみましょう。お子さんへの質問に対し、先回りして答えてしまうなどということはありませんか。また、日ごろから知人を訪問したり招いたり、お子さんに買い物をさせたりして、家族以外の人との会話に慣れさせておくとよいでしょう。

Q 息子は人の話に割り込んだり、興味がないと聞かなかったりします。

A 話を聞くよりも聞いてもらいたい欲求が強いお子さんに対しては、まずご両親が話をしっかり聞いてあげることが必要です。大切なのはご両親が聞く姿勢を示し、自分の話を聞いてくれて認められていることをお子さんが感じることです。欲求が満たされると、次は自分が話を聞く番だという姿勢が自然と身についていきます。たとえ要領を得ないような話でも、聞き流すことはしないでください。

Q 子どもがイライラしているのですが、どうすればよいでしょうか？

A まず、イライラの原因は何か考えましょう。子どもが不安定なときは、親もストレスを抱えていることがよくあります。受験が近づくと遊ぶ時間を減らしたり、さらに学習時間を増やしたりするケースも多く見られます。無理な要求で子どもが疲れないよう、親自身が受験に対するストレスを解消し、余裕を持つことが大切です。親が変われば、子どもも変わります。

Q 不合格になったら、子どもが深く傷つくのではないかと心配です。

A まず、「あなたにとって一番よい学校を選ぶから大丈夫」と安心感を与えることです。また、あえてすべての合否を伝える必要はありません。子どもが傷つくのは不合格になることより、親の表情や様子から期待に応えられなかったと思うときです。入試では状況により全力を出せるとは限りません。ご両親はどんな結果でもお子さんの力となり、最良の方向を示し、常に前向きな気持ちを忘れないでください。

Q 一貫教育の学校で、途中で外部受験をすることは可能でしょうか？

A 一貫教育の小学校から系列校ではなく外部の中学校に進学することは、基本的に不可能ではありません。しかし、系列校への内部進学の権利を保有しながら他校を受験することは、ほとんどの一貫教育の学校では認められていません。内部進学の権利を放棄したうえで他校を受験するということであれば可能と思われますが、この点については小学校ごとに規定がありますので、事前に調べておきましょう。

受験までの流れと出願の基礎知識

わが子を私立や国立の小学校に入学させたいと思った日から、受験準備は始まるといえます。いつごろ何をすればよいかを確認し、着実に準備を進めましょう。出願書類の記入や出願方法は学校ごとに指定があります。間違えないよう、よくチェックしましょう。

- 小学校受験の流れ
- 出願資格を確認しよう
- 出願書類の種類
- 出願方法と出願期間
- 入学願書・面接資料の主な記入項目
- 出願書類の書き方　入門編
- 出願書類の書き方　実践編

小学校受験の流れ

入試では限られた期間に志望校選びから出願、受験、入学手続きまで行うため、
段取りよく準備を進めることが大切です。いつごろから何をすればよいか、
情報収集から入学手続きまでの流れをあらかじめ頭に入れておきましょう。

① 情報収集
子どもが3〜4歳のときから始める人が多いようです。学校案内やホームページ、小学校受験のガイドブックなどで学校の情報を集めます。

② 学校の下見
学校を知るには直接足を運ぶのが一番です。興味を持った学校の説明会や体験授業、運動会などの公開行事に参加して、実際の様子を確認しましょう。

③ 志望校を決定
資料や公開行事などで収集した情報を参考に志望校を選んでいきます。家庭の教育方針、本人の性格、通学の便などもよく考慮して最終決定しましょう。

④ 募集要項等を入手
志望校の募集要項や出願書類の配付方法、配付期間を確認して早めに入手しましょう。配付期間が短い場合や、学校説明会出席者のみに配付される場合があり、注意が必要です。Ｗｅｂ出願のため、紙の願書がない学校もあります。

⑤ スケジュール確認
募集要項を入手したら、出願期間や考査日程の確認を。何校か併願する場合は、試験日が重なる可能性を考慮する必要があります。出願時に面接資料や健康診断書を提出することもあるので、必要書類を確認し、早めに準備をしましょう。

⑥ 出願書類を提出
出願期間になったら学校に書類を提出します。直接持参、郵送、Ｗｅｂで情報を入力後に書類を郵送など、指定の方法に従いましょう。受験料も事前振り込み、出願時に持参、クレジットカードで決済など指定された方法で支払います。

⑦ 考査・面接を受ける
日程は考査と面接が同日、考査日の前に面接がある、2日間考査があるなどさまざまです。国立大学附属小学校では抽選を行う学校もあります。いずれも決まり事や当日持参するものをよく確認し、間違いや忘れ物がないようにしましょう。

⑧ 合格発表
試験が終わると、当日もしくは数日以内に合格発表が行われます。方法は郵送、校内掲示、Ｗｅｂ発表、郵送とＷｅｂ発表の併用など、学校によって異なります。あらかじめ、受験する学校の合格発表の方法を調べておくとよいでしょう。

⑨ 入学手続き
合格したら学校の指示に従い、入学金などの納付、書類提出などを行います。手続き日は合格発表当日や1〜3日後という場合が多いので、速やかに手続きできるよう準備しておきましょう。Ｗｅｂで手続きを行う学校もあります。

学校説明会

　ほとんどの学校で説明会を行っており、5月ごろから始まります。1回だけのところ、数回のところ、数回の場合は内容が毎回同じ、毎回異なる、1回目は学校説明会で2回目は入試説明会などのパターンがあります。説明会では学校の教育理念や学校生活の様子、入試の具体的な説明や注意事項などを聞くことができ、質疑応答の機会もありますのでできるだけ参加しましょう。説明会の前後に校内見学や個別相談を実施する学校もあります。事前申込制で、満席になると参加できない学校が多いので、早めに日程を確認して申し込みましょう。

募集要項等配付期間

　志望校が配付する募集要項や出願書類は、期間内に必ず入手しましょう。Ｗｅｂ出願では、ホームページにのみ要項が掲載される場合や、紙の要項やＷｅｂでの手続き後に郵送するための書類を配付する場合などがあります。よく確認し早めに出願準備をしましょう。

出願資格を確認しよう

学校が求める資格や条件を満たしていなければ、入学することはできません。
募集要項には「出願資格」「受験資格」「通学条件」などとして記載されています。
出願直前に慌てることのないよう、早めに確認することが大切です。

主な出願資格

　小学校に入学する時期は、学校教育法により「満6歳に達した日の翌日以後における最初の学年の初め」と定められているため、どこの学校も出願資格として年齢を挙げています。募集要項には「○○年4月2日から○○年4月1日までに生まれた者」などと書かれています。このほかに資格として通学区域や通学時間を定めている学校や、出願資格には含まれていないものの、通学条件として利用する交通機関、通学時間を定めている学校もあります。また、募集要項には書かれていなくても通学時間制限を設けている学校もあるので、説明会などの際に確認しておきたいものです。

通学方法や負担をチェック

　志望校を選ぶときは、自宅からの通学方法と経路を必ず確かめましょう。大切なのは、毎日通学する子どもの負担にならないかどうかを判断することです。経路によっては、通勤ラッシュに巻き込まれる可能性があります。実際に通学する時間に経路をたどり、子どもが安全に無理なく通学できるか、問題があるなら対処法はあるかなどを検討しておきましょう。

国立小学校の応募資格例

　主な国立大学附属小学校の応募資格は以下のように規定されています。

お茶の水女子大学附属小学校：東京23区内に保護者と同居していること。

筑波大学附属小学校：出願日現在、東京23区、西東京市、埼玉県和光市のいずれかに保護者と同居し、本校入学後もこの地域内に生活の本拠を持ち、家族とともに生活できる者に限る。受験のための一時的な住所の変更（寄留）は一切認めない。

東京学芸大学附属大泉小学校：通学範囲内（徒歩または公共の交通機関を使って片道40分以内）に保護者とともに居住していること。

私立小学校の通学時間制限の例

　主な私立小学校の通学時間の制限や目安です。募集要項に記載している学校とホームページに掲載している学校があります。

晃華学園小学校	60分程度
聖心女子学院初等科	60分程度
桐朋小学校	60分以内
桐朋学園小学校	60分程度
雙葉小学校	60分以内
立教女学院小学校	60分以内
湘南白百合学園小学校	60分程度
洗足学園小学校	60分以内
横浜雙葉小学校	60分以内
関西大学初等部	60分程度
小林聖心女子学院小学校	90分以内
関西学院初等部	60分程度

出願書類の種類

出願書類を入手したらやるべきことをリストアップし、スケジュールを立てます。
必要な書類の把握や手配、受験料の振り込み、健康診断の受診などは早めに済ませ、
その後、願書や面接資料の作成をじっくり進めるとよいでしょう。

主な出願書類　　学校ごとに必要となる出願書類は異なりますが、
主な種類と作成する際の注意事項を確認しておきましょう。

入学願書
志願者の氏名、生年月日、現住所、在園名、保護者の氏名と続柄、同居の家族構成と続柄および生年月日、通学経路・時間、志望理由などを記入します。

健康診断書
かかりつけ医か学校指定の医療機関に持参し、診断後に記入・捺印してもらいます。子どもの体調や休診日などを考慮し、早めに済ませるのがベスト。

写真票
指定されたサイズの写真の裏に志願者氏名を書き、願書や写真票に貼ります。Web出願では顔写真データの登録が必要な学校もあります。

その他
受験料振込証明書、受験票や選考結果送付用封筒、幼稚園や保育園からの調査書が必要な学校もあります。返送用封筒には切手を貼り忘れないよう注意を。

面接資料
願書と一続きの場合と別紙の場合があります。学校により質問項目が異なります。どのようなことを知りたいのか、その学校の特徴が表れる部分です。

書類作成は
じっくりと
時間をかけて

Q. 写真で気をつけるべきことは？
A. 場所や時期を考慮して撮影を

　願書などに貼付する場合は、写真館で撮影した写真を用いるのが原則といえます。「スナップ写真可」と明記されていても、ラフ過ぎる服装は控え、自宅で撮影する際はシンプルな背景を選びましょう。撮影時期は、子どもは成長が著しいため出願3ヵ月前に予備撮影を行い、1ヵ月半前に本撮影をするなど二段構えにすると安心です。夏休み後はたくましさが出て成長を感じられる写真が期待できますが、日焼けし過ぎないよう注意しましょう。家族写真を貼り、別の欄に略図と続柄を記入する学校もあります。家族の範囲は記入上の注意を読み判断します。撮影日は「○月以降のもの」などと指定されていたり、写真の説明欄があったりする場合もありますので、指示をよく確認するようにしましょう。

Q. 健康診断書にチェックが入りました
A. 通学に支障がなければ問題ナシ！

　学校によっては出願時に健康診断書の提出を求められます。学校指定の書式があり、医療機関で健康診断を受け記入してもらうのが一般的ですが、「健康調査書」などの名目で保護者が書く学校もあります。健康診断書の項目は、既往症やアレルギーの有無、受けた予防接種の種類、視力、聴力、健康状態など。学校の目的は、考査や学校生活で配慮が必要かどうかを知ることです。風邪や中耳炎など一過性のものや、慢性疾患でも投薬などでコントロールでき、日常生活に大きな影響がなければ原則として問題はないと見て大丈夫でしょう。診断してもらう医療機関は、できればかかりつけ医で親族以外であること、などの条件があることも。よく確認し、不備のないように用意しましょう。

出願方法と出願期間

出願方法や出願期間は、学校ごとに細かく定められています。
手続きに不備があったり、出願期間に間に合わなかったりすると受験できません。
学校が指定する方法に従い、決められた期間に確実に出願しましょう。

出願方法は学校によりさまざま

出願方法は、出願書類一式を郵送する、学校に持参する、インターネットで手続きを行う、などです。郵送出願は期間内消印有効、期間内または指定日必着などと定められています。送付方法は簡易書留、簡易書留速達、書留速達などの指定があります。発送の際は必ず郵便局で送付方法、消印の日付や到着日を確認しましょう。学校に直接書類を持参する場合は、受付日と時間の確認が大切です。受付期間内であっても土日祝日は休みだったり、土曜日は月～金曜日とは時間が違ったりします。郵送でも持参でも可という学校では、郵送期間と持参期間が異なることもあります。また、一般入試と推薦入試など入試の方式や、第1回、第2回など募集回によっても出願方法や出願期間は変わってきます。複数の学校を受けるときは特に間違えないように注意して出願することが重要です。受験料は指定された口座に振り込み、振込証明書を郵送か窓口で提出するか、窓口で出願する際に支払います。

Ｗｅｂ出願の学校が増加

近年、インターネットで出願手続きを行う学校が増えています（Ｗｅｂ出願）。その方法は、まず学校のホームページから出願サイトにアクセスし、志願者情報を登録します。その後クレジットカード、コンビニエンスストア、決済サービスなどで受験料を支払い、受験票、写真票などを印刷。指示されたものを学校に郵送または入試当日に持参する、というのが大まかな流れです。自宅にプリンターがない場合は、コンビニに設置されているマルチコピー機で印刷することができます。なお、Ｗｅｂ出願の受付時間や出願方法などは、学校によって異なります。Ｗｅｂだけで出願が完結し、入試当日は受験票だけを持参する学校や、出願サイトでの手続きに加えて学校のホームページから面接資料を印刷し、記入して送付する学校もあります。Ｗｅｂ登録後に出願書類を郵送する場合は、登録と書類送付の期間が異なることが多いようです。また、書類送付により出願完了となるので、送付し忘れないよう注意しましょう。

Q. 出願は受付開始からできるだけ早く行ったほうがよい？

A. 出願の早さと合格は無関係

早く出願することで熱意を表したい、ということなのでしょう。しかし学校説明会などでほとんどの学校が、出願の順番で差をつけることはないと明言しています。受験番号は願書受付順、生年月日順に割り振る学校が多いようです。出願の早さや特定の受験番号で合格が決まるわけではありません。出願初日の早朝から並んで近隣に迷惑をかけることのないよう、良識ある行動を取りましょう。

Q. 志望校が複数あるのでスケジュール管理が心配です

A. 学校別一覧表を作成して把握する

学校別に出願方法、出願期間、出願書類などがわかる一覧表を作り、目につきやすい場所に張っておくと管理しやすくなります。またスマートフォンのアプリケーションなどを活用し、夫婦で情報共有できるようにしてもよいでしょう。

入学願書・面接資料の主な記入項目

小学校受験を決め志望校を選ぶのは、受験する子ども本人ではなく保護者です。
そのため入試では、家庭環境や家庭の教育方針が表れる入学願書や面接資料が重視されます。
内容について面接で質問されることを想定し、両親が話し合って記入することが肝要です。

何をどう書くか？

入学願書や面接資料で代表的な質問項目と、どこに注目し、どのように回答すればよいのか、書き方のポイントを見ていきましょう。

志望理由
家庭の考え方を知り、学校に対する理解度を測るための重要な項目。志望校の特色や教育方針を把握し、家庭の教育方針と一致していることを伝えます。

家族状況
氏名は戸籍謄本通りに。家族欄は父、母、子ども（年齢順）、その下に祖父母を記入します（記入方法は学校の募集要項などに従ってください）。

子どもの健康状態
通学できる健康状態かどうかの回答が求められています。アレルギーや既往症があれば正直に書き、医師の見解や学校の協力の要否などを記入します。

家庭のしつけ教育方針
子どもにどう育ってほしいか、そのために何をしているかが、家庭の教育方針でありしつけです。書類に記入する前に、書き出して整理してみましょう。

子どもの性格
家庭や幼稚園（保育園）でのエピソードを織り交ぜながら、親の視点でまとめます。長所から書き始め、短所でも親の見守る姿勢がわかる前向きな表現を。

記入ポイントを押さえましょう

Q. 志望理由を書くときのポイントは？

A. 家庭の教育方針を具体的にまとめる

学校側が志望理由を書かせるのは、志望校のことをどれくらいわかっているか、入学する意思があるかどうかを見るためです。そのため、学校の教育方針と家庭の教育方針が一致していることを伝えることが大切です。とはいえ、単に両者を並べるだけでは説得力に欠けてしまいます。学校の教育方針を十分に理解していることを伝えつつ、親自身の体験や思い、子どものエピソードなどを交えながら、どのように子育てをし、子どもがどのように育っているかがわかる文章にすることが大切です。本書の3章で小学校別の出願書類の記入例を紹介しています（P.33〜80）。実際のものとは異なる部分もありますが、文例とポイントを掲載していますので、参考にしていただければと思います。

Q. 備考欄・自由記入欄には何を書く？

A. 学校の指示があるかまずは確認を

願書や面接資料に備考欄や自由記入欄を設けている学校もあります。内容は募集要項や記入例の注意書きなどに指定があればそれに従います。特になければ、家族構成の備考欄には、保護者の職業や最終学歴などを記入する場合が多いようです。あるいは、海外生活の経験や保護者が志望校の出身であることなどを記入してもよいでしょう。きょうだいの通っている学校名と学年を書くよう指定している学校もあります。また、項目は定めておらず提出も任意ではあるものの、志望理由などを書くよう要望している例も見られます。志望理由や子どもの性格などの項目に加えて自由記入欄があるときは、ほかの項目にあてはまらないことや書き切れなかったことを、バランスよくまとめましょう。

書き始める前に注意すること

入学願書や面接資料を書く前に考えておくことは、志望理由や家庭の教育方針、
子どもの性格やどのように育ってほしいか、などです。内容がまとまったら実際に書き始めますが、
その際に気をつけることがあります。下記の5点を頭に入れておきましょう。

書類は早めに入手

小学校入試は、出願することから始まります。願書など出願書類の準備は志願者の保護者にとって最初の関門です。「提出日の前日にでも書けばいい」などと、甘く見ていると失敗しかねません。同時に提出する書類や写真の手配、記入にも細心の注意が必要です。出願書類は小学校側が家庭の教育方針や子どもの状態を知る手掛かりとなり、面接の参考資料にもなります。書式や出願方法が変わることもありますので、早めに入手して募集要項をよく読み、万全の準備をしてください。

記入方法を確かめる

願書は文字通り「お願いの書」ですから、間違いのないよう丁寧に書く必要があります。そのためにも、募集要項と記入方法をよく確認することが大切です。願書には志願者の写真のほか、家族の写真や住民票の写しなどの添付を求める小学校もありますから、十分に注意してください。小学校によっては、欄外に注意書きをつけて、記入方法をわかりやすく説明しているところもあります。また、記入例を別紙として配付する小学校もありますので、それを参考にしましょう。

願書の予備を用意

好印象を与えるような願書を書くためには、記入方法を確認するとともに、前もって願書を2部求めておくか、下書き用にコピーを数枚取っておき、書き間違いを防ぐことが大切です（下記イラスト①参照）。

志願者の氏名、生年月日、現住所、電話番号、保護者の氏名、保育歴、家族の氏名と年齢などの欄に記入することは特に難しくありません。「志望理由」「志願者の性格」などの記入時に悩んで、書き損じてしまうことがあるため、下書きをしてから清書すると安心です。

文字や表現に注意

・募集要項、記入方法の指示に従いましょう。
・筆記用具の指定がある場合は、それに従います。指定のない場合は、原則として黒インク、または黒のボールペンで書きます。ペンは何種類か試し、書きやすいものを選びましょう。消えるインクのボールペンは避けてください。
・文字は楷書で一点、一画を丁寧に書き、表現にもよく配慮しましょう。
・誤字、脱字、当て字に注意しましょう。
・文体は「……だ」「……である」より、「……です」「……ます」と書くほうが望ましいでしょう。

読み返してコピーを取る

願書はもとより、入試に関連して小学校に提出する書類は、書き終わったら必ず読み返しましょう。両親が別々に読み、間違いのないことを確認してから、小学校に提出するようにします。

出願書類は、すべてコピーを取っておくことが大切です（下記イラスト②参照）。それは面接の際、記入された内容に基づいて小学校側が質問するケースが多いからです。書類の内容と答えに食い違いがあると、疑問に思われることがあります。両親のどちらが質問を受けてもきちんと答えられるように、何度も読み返し、内容を確認しておきましょう。

筆記用具は、原則黒インクまたは黒ボールペンを使用する。

学校側が記入する。

記入日を書く学校もあるが、基本的には提出日を記入する。

「実父」「養父」のように記入させる学校もある。

ふりがなは、ひらがなで表記してある場合はひらがなで、カタカナの場合はカタカナで書く。氏名は戸籍の記載通りに。

住民登録し、住んでいるところ。

幼稚園名、保育施設名、幼児教室名、絵画・音楽教室などを記入。

該当するところに〇をつける。

正直に記入する。記載内容が事実と異なると、入学を取り消されることもある。

志願者の氏名を記入させる学校もある。

スペースの狭い学校は簡潔明瞭にまとめることが大切。

罫線のない場合は、鉛筆で薄く線を引き、記入後に線を消すと、字がそろってきれいに見える。

受験番号	＊

年　月　日　　　入学

小学校長殿

貴校に入学を許可されたくお願いいたします。

保護者氏名（本人との関係　　）

		ふりがな	
本人	氏　名		
	現住所	〒 電話（　　）	
	保育歴		
	健康状態	良好　　　普通	
	既往症		
	特異体質		
	身長・体重	身長　　　体重	

保護者	氏名	ふりがな 年　月
	住所	〒

家族構成	続柄	氏　名	年齢
	父		
	母		

志望理由

書き方参考例

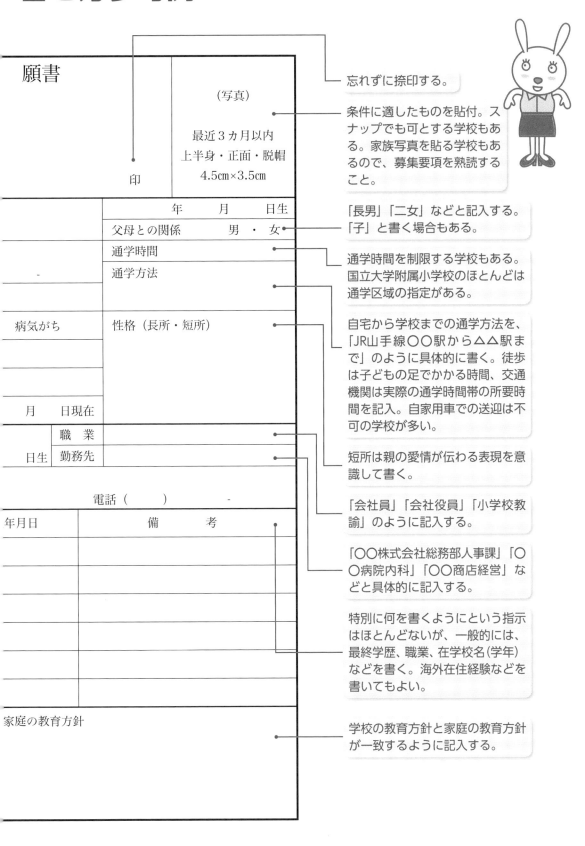

願書

（写真）

最近3カ月以内
上半身・正面・脱帽
4.5cm×3.5cm

印

		年　　月　　日生
	父母との関係	男　・　女
	通学時間	
-	通学方法	
病気がち	性格（長所・短所）	
月　日現在		
	職　業	
日生	勤務先	

電話（　　　）　　-

年月日	備　　考

家庭の教育方針

忘れずに捺印する。

条件に適したものを貼付。スナップでも可とする学校もある。家族写真を貼る学校もあるので、募集要項を熟読すること。

「長男」「二女」などと記入する。「子」と書く場合もある。

通学時間を制限する学校もある。国立大学附属小学校のほとんどは通学区域の指定がある。

自宅から学校までの通学方法を、「JR山手線〇〇駅から△△駅まで」のように具体的に書く。徒歩は子どもの足でかかる時間、交通機関は実際の通学時間帯の所要時間を記入。自家用車での送迎は不可の学校が多い。

短所は親の愛情が伝わる表現を意識して書く。

「会社員」「会社役員」「小学校教諭」のように記入する。

「〇〇株式会社総務部人事課」「〇〇病院内科」「〇〇商店経営」などと具体的に記入する。

特別に何を書くようにという指示はほとんどないが、一般的には、最終学歴、職業、在学校名(学年)などを書く。海外在住経験などを書いてもよい。

学校の教育方針と家庭の教育方針が一致するように記入する。

文章表現と表記の仕方

志望理由や家庭の教育方針などは、内容はもちろんのこと、文字の読みやすさ、
文章の出来不出来で学校側が受ける印象が違ってきます。実践編となるこの節では、
どのような点に注意を払って書類を作成すればよいのかを具体的に説明していきます。

★好感度をアップさせる10の心得

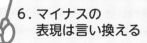

1. 内容を吟味し、
   簡潔明瞭に書く

2. 主語と述語の関係は
   明確に

3. 文体を統一する

4. 文字ははっきり、
   丁寧に書く

5. 難解な言葉は使わない

6. マイナスの
   表現は言い換える

7. 敬語の使い方に注意する

8. 言葉は正しく
   理解して使う

9. 誤字・脱字は厳禁！

10. 書き上がったら
    何度も読み直す

＊入学願書の記入や面接に役立つ、敬語やポジティブ言葉の
用語用例集として、さらに詳しく解説した弊社刊の『小学
校・幼稚園 受験用語ハンドブック』をご覧ください。

心得その1 内容を吟味し、簡潔明瞭に書く

　最初から、優れた文章を書こうなどと気負う必要はありません。求められるのは、質問の意図を正しく理解し、自分なりの考えを述べることです。書く内容を吟味し考えが定まったら、それがしっかり伝わるよう、記入欄のサイズに合わせて簡潔にまとめることに努めてください。だらだらとした長い文章は、先生方を飽きさせ、けっしてよい印象を残しません。

これが
ポイント

・相手に語りかける気持ちで、とりあえず書いてみる。

・書き終わったら、誰かに読んでもらい、気になる点を指摘してもらう。

・話し言葉と書き言葉（文章）の違いに注意し、表現を整える。

心得その2 主語と述語の関係は明確に

　子どものことをうまく伝えたいという気持ちが先走るあまりに、志望理由などを読んだ先生方が「これは誰のことを言おうとしているのか？」と困惑するケースがあります。

　主語は子どもなのか、それとも親なのかなど、誰が読んでもわかるように意識して書きましょう。「○○（誰）に、○○をさせたい」というように、主語と述語、目的語の関係を明らかにすることは、わかりやすい文章に欠かせない要素です。

これが
ポイント

・自分の意見を述べる場合、「親として」など立場を入れる。

・子どもの説明をする際は、親の主張や願望が混同しないように注意する。

最後まで読ませたら第一関門はクリア

膨大な数の書類に目を通す先生方にしてみたら、読みにくい文章では印象に残りません。
まずは「先生方に最後まで読んでいただく」ことが重要です。
誰にでもわかりやすくて印象に残るような文章表現のコツをマスターしましょう。

心得その3 文体を統一する

文体には、一般的に会話でよく用いられる「〜です」「〜でございます」などの敬体と、書き言葉に用いられることの多い「〜だ」「〜である」などの常体があります。

異なる文体が一つの文章の中に混在することは、必ず避けなければなりません。なぜなら文体がそろっていないと、ちぐはぐで散漫なイメージを読み手に与えてしまうからです。記述する項目が複数にわたる場合は、特に注意が必要です。自分で書いた文章の間違いを発見するのは難しいので、記入したら両親が客観的な視点で読み合う、または第三者に読んでもらうなど、チェックを徹底してください。

なお、願書は「お願い」をするための書類ですから、敬体を用いて文章を作成するのがよいでしょう。

心得その4 文字ははっきり、丁寧に書く

出願書類に書く文字は、達筆である必要はありませんが、先生方がスムーズに読めるものでなければなりません。読みたくないと思われないように、注意して書きましょう。

文字は楷書で、丁寧にわかりやすく書くように努めましょう。記入欄の枠からはみ出さないよう、スペースのバランスや配置にも気を配ってください。

心得その5 難解な言葉は使わない

出願書類は、レポートや論文などではありません。一般的でない漢語表現や難解な語句、外国語の使用は、適切かどうか注意を払うべきでしょう。かといって、流行語や若者言葉の使用は、軽薄なイメージを与えかねません。家族や仲間内など内輪でしか通じない言葉も使わないようにします。

また、誰にでも思いつく言葉、使い古された言葉や言い回しはできるだけ避けるべきです。型にはまった優等生的な文章も、先生方の心に届かない場合があります。

付け焼き刃で身につけた言葉や抽象的な表現ではなく、素直な自分の言葉で具体的に表現することを心掛けましょう。

心得プラスワン

「です」の不自然な使い方

「よろしくです」「……だったです」「なかったです」などという言い方を耳にすることがあります。丁寧なつもりかもしれませんが、むしろ稚拙と思われかねない表現です。

「ます」の使用例

「です」と同様に「ます」は、丁寧さや敬意を表すときに使います。出願書類では、「〜であると期待しております」「〜と存じております」などの表現によく用いられます。

これがポイント

・文字は真っすぐに書く。
・罫線がないときは、鉛筆で薄く線を引く（目安は幅8〜10mm）。
・提出用紙には、鉛筆で薄く下書きした後に学校指定のペンで記入を。

心得プラスワン

字がきれいな人が書くのも手

記入者の指定が特にないときは、両親のうち字がきれいなほうが記入することをおすすめします。

心得プラスワン

「目線」はNG!?

「親の目線でわが子を見たとき……」といった表現も使われがちですが、この「目線」という言葉は、もとは映画・演劇・テレビ界の用語です。言葉に敏感な先生方には、軽薄だと思われかねません。改まった場では使わないほうがよいでしょう。

言い換えと敬語は表現を豊かにする

巧みな表現で書かれた文章は、読み手に好印象を与えます。
マイナス表現をプラスにする「言い換え」と、学校側に敬意を表す「敬語」の使い方を理解し、
よりアピール度の高い出願書類を作成しましょう。

心得その6 マイナスの表現は言い換える

出願書類の文章は、入学の意思を示すものでなければなりませんから、粗雑な言葉の使用や、家庭の印象を悪くする表現は避けるべきでしょう。子どもの性格や特質などを記入するにあたっては特に注意してください。たとえば、「優柔不断で何をするのにも時間がかかります」という短所でも、「慎重で何事も熟慮してから行動に移します」のように、長所に言い換えることができます。それだけで、先生方の受ける印象は大きく変わってきます。また短所も、「○○のように接してきたところ、改善されてきました」や「○○となるように導いています」などと家庭教育にふれてアピールしましょう。

心得その7 敬語の使い方に注意する

志望理由などを書くときは、敬語（尊敬語・謙譲語Ⅰ・謙譲語Ⅱ〔丁重語〕・丁寧語・美化語）を正しく用いることが大切です。尊敬語とは、相手や第三者の行為・物事・状態などについて、その人物を立てて述べるものです。行為は「いらっしゃる、召し上がる」など、物事は「お名前、ご住所」など、状態は「お忙しい、ご立派」などが該当します。謙譲語Ⅰは、相手や第三者に対し自分がへりくだることでその人物を立てる表現です。「うかがう、お目にかかる」などがあります。謙譲語Ⅱ（丁重語）は、自分の動作を丁重に述べることで敬意を表します。「参る、申す」などです。丁寧語は相手に対して丁寧に述べるもので、「です、ます」が当てはまります。美化語は物事を美化する言葉です。「お料理、お菓子」などがあります。

敬語の誤用でよくあるのが「おっしゃられる」です。「おっしゃる」は「言う」の尊敬語で、「～れる」も尊敬語のため同じ種類の敬語が2つ重なる「二重敬語」になり、適切ではありません。また、「校長先生がお話しいたしました」の「お～いたす」は謙譲語Ⅰ兼謙譲語Ⅱなので、目上の人の動作に使うのは誤りです。敬意を表したいときは「お話しになりました」または「おっしゃいました」とします。尊敬語と謙譲語を間違えないよう注意しましょう。

心得プラスワン
願書が引き立つ謙遜表現

自分がへりくだって相手を立てることを「謙遜」といいます。出願書類を書くときは、この気持ちを文章に織り込みましょう。たとえば、「わが子には内向的な面があるため、一貫教育の中での切磋琢磨を期待し、志望しました」と書くより、「わが子が生きる力を育めるようお導きいただきたく、入学を志望しました」と言い換えて、学校側を立てるのが効果的です。また、「聞く→拝聴する」「自分の考え→私見」「見る→拝見する」「読む→拝読する」「私たち→私ども」などと謙遜の表現（謙譲語）に言い換えましょう。

心得プラスワン
動作を敬語で表現してみましょう

	相手	自分
会う	お会いになる 会われる	お目にかかる お会いする
与える	ご恵贈／ご恵投 くださる	差し上げる 謹呈する
言う 話す	おっしゃる	申し上げる 申す
行く	いらっしゃる おいでになる	うかがう 参る
教える	ご指導／ご教示 お教えくださる	ご案内する お教えする
借りる	お借りになる	拝借する お借りする
聞く	お聞きになる	うかがう／承る 拝聴する
来る	いらっしゃる お見えになる	参る うかがう
訪ねる	お訪ねになる	うかがう お邪魔する
尋ねる	お尋ねになる	うかがう お尋ねする
食べる	召し上がる お上がりになる	いただく 頂戴する
見る	ご覧になる	拝見する
読む	お読みになる 読まれる	拝読する

仕上げのチェックは念入りに

「わかりやすい文章」と「読みやすい文字」で書けたら、いよいよ仕上げに入ります。
言葉の意味を正しく理解して使っているか、誤字や脱字はないかといった点に着目して、
何度も文章を読み直してください。チェックは念入りに行うことが大切です。

心得その8 言葉は正しく理解して使う

　志望理由や自由記入欄への記入にあたり、慣用句やことわざを用いるケースも多いものです。しかし、言葉の意味を取り違えてしまっては逆効果になってしまいます。疑わしい言葉は、必ず辞書を引くことを心掛けましょう。

◎正しく使っていますか？

【教え子】教師側に立った語なので、生徒側から「教え子です」というのはNG。例「私は貴校のA先生のご指導を受けました」

【なおざり】おろそかにすること。「おざなり（いいかげんの意味）」と混同しがち。例「学業をなおざりにしていては困ります」

【気が置けない】気がねなくつき合える。例「息子には、気が置けない友人をたくさんつくってほしいと願っています」

【私淑】直接の師ではないが、慕い学ぶこと。例「『福翁自伝』を拝読して以来、福澤諭吉先生に私淑しております」

心得その9 誤字・脱字は厳禁！

　志望理由などの文章は、パソコンを使って下書きをし、それを見ながら清書する方も多いようです。内容がよくても文字の間違いがあると印象が悪くなります。清書する前に、漢字の変換ミス、脱字、送りがなの誤りなどがないかよく確認しましょう。出願書類に用いることが想定される漢字の使用例を掲載しましたので（P.32）、チェックしてみてください。

心得その10 書き上がったら何度も読み直す

　書類に記入し終えたら、提出前に必ず読み直しましょう。その際、どこに着目してチェックするかが問題です。記述された文章はもちろんですが、やはり最終的には、基本である募集要項の「提出書類記入上の注意」の指示通りに書くことができているかが重要です。

　氏名欄の表記が「ふりがな」なのか「フリガナ」か、年齢は「才」なのか「歳」か、「数字は算用数字で記入」とあるのに漢数字で書いていないかなどを細かく確認します。このようなミスをなくすためにも、何度も読み直すようにしましょう。

心得プラスワン

意味の重複にも要注意！

◆今の現状　「現」は「今」と同意なので、「現状」でOK。今を生かすなら「今の状態」などとします。

◆あとで後悔する　先に悔やむことはないので「あとで」は不要です。

◆一番最初　「最」は、一番、最もの意なので「一番」は不要です。

◆有能な人材　「人材」は才能のある人の意。「有能な」は不要です。

◆第1番目　「第」も「目」も物事の順序を表すので「第1番」などとします。

◆多くの人材を輩出した　「輩出」は才能のある人物が次々と世に出ることです。「多くの人材を世に出した」などとします。

心得プラスワン

「ら抜き言葉」はいけません

「見れる」「食べれる」「来れる」などは、活用形を「られる」とすべきなのですが、「ら」が抜け落ちた言い方が目立ちます。「好き嫌いなく何でも食べられます」「服は一人で着られます」など、よく用いることになりますので、気をつけましょう。

心得プラスワン

✓**最後はここをチェック！**

☐「ふりがな」と「フリガナ」を区別。

☐年齢は、「歳」にすることが好ましい。「年令」ではなく「年齢」を使用する。

☐算用数字（1、2、3……）か漢数字（一、二、三……）かに統一。

☐住所欄は「同上」と省略せずに、すべて書き入れること（指示がある場合をのぞく）。

☐両親と志願者の続柄は「父」「母」が一般的。

☐すべて募集要項にある「提出書類記入上の注意」の指示に従う。

間違えやすい漢字の使い方

同じ読み方でも意味によって異なる漢字を使う場合など、混同しやすい例を紹介します。
内容が優れていても、誤字や脱字がたった1字あるだけで、悪い印象を与えかねません。
文字の取り扱いには細心の注意を払いましょう。

Check 1 同音異義語・同訓異字

あたたかい	心の温かい大人になってほしい		暖かい季節に生まれました	
あやまる	素直に謝る気持ちが大事		判断を誤りました	
いがい	意外によくできていました		わびる以外に方法はありません	
いし	意志の強い子です		友達と意思の疎通を図って行動するのが得意です	
いちり	長男の言い分にも一理ありました		百害あって一利なし	
いどう	人事異動で単身赴任しています		バスで移動中の出来事でした	
おう	元気過ぎて手に負えません		ようやく身長も友達に追いつきました	
がいこう	外向的で陽気な性格		英国に駐在する外交官	
かいほう	悩みから解放されました		貴校の明るく開放的な雰囲気	
かえる	祖母の家に帰って遊びました		迷ったときは原点に返って考える	
かんしん	昆虫に関心を持っています		よく我慢したと感心しました	
きょうそう	徒競走で1等を取りました		よい競争相手を見つける	
こたえる	質問に答えてください		優しい笑顔で応えてくださいました	
しゅうりょう	予定通り終了しました		大学院で博士課程を修了	
じりつ	自立した女性になってほしいと願っております		自主および自律の精神を養う	
しんちょう	意味深長な発言		慎重に考えてから行動する	
そうぞう	子どもの未来を想像する		さまざまな体験を通して創造性を豊かにする	
たんきゅう	探求心が芽生えているようです		学問として探究する	
ついきゅう	理想を追求する生き方	責任を追及する	真理を追究する	
つとめる	好き嫌いをなくすよう努める	外務省に勤める	会長を務めています	
てきかく	感じたことを的確に言い表す		指導者として適格だと存じます	
どうし	きょうだい同士が力を合わせる		生涯の同志となる友人と出会う	
ととのう	入学準備が整いました		入学金が調いました	
のばす	個性を伸ばす教育方針		面接日を延ばすことはできません	
のぼる	階段を上る	山に登る	エレベーターで昇る	
まるい	顔の形が丸いのは祖父ゆずりです		円い人柄の祖母が大好きです	
ようい	入学願書を用意しました		ここまでの道のりは容易ではありませんでした	

Check 2 書き間違えやすい漢字（赤字が正しい表記です）

後仕末→後始末	異和感→違和感	憶病→臆病	完壁→完璧	気嫌→機嫌
業積→業績	興味深深→興味津津	ご思→ご恩	散慢→散漫	純心→純真
招介→紹介	専問→専門	卒先→率先	貧欲→貪欲	中ば→半ば
脳力→能力	発詳→発祥	訪門→訪問	抱擁力→包容力	余断→予断

どのような項目があり、どう書くのかを紹介！

有名小学校の出願書類記入例

出願は小学校受験の入口です。出願方法や出願書類は学校によってさまざま。志望校を決め、いざ出願となったとき、募集要項や出願書類を前に疑問や不安がわき出てくることでしょう。ここでは有名小学校の願書や面接資料などを集めました。記入例と記入のポイントを参考に、出願に臨んでください。

○出願書類の学校別記入例

青山学院初等部／学習院初等科／慶應義塾幼稚舎／聖心女子学院初等科／東京女学館小学校／東洋英和女学院小学部／雙葉小学校／早稲田実業学校初等部／慶應義塾横浜初等部／晃華学園小学校／白百合学園小学校／成蹊小学校／田園調布雙葉小学校／東京農業大学稲花小学校／日本女子大学附属豊明小学校／立教女学院小学校／洗足学園小学校／森村学園初等部／横浜雙葉小学校／開智小学校（総合部）／さとえ学園小学校／西武学園文理小学校／関西大学初等部／関西学院初等部／立命館小学校／お茶の水女子大学附属小学校／筑波大学附属小学校

○出願書類内の項目別記入例

【志望理由】光塩女子学院初等科／桐蔭学園小学校／桐朋学園小学校／目黒星美学園小学校／淑徳小学校／江戸川学園取手小学校／同志社小学校

【家庭の教育方針】川村小学校／立教小学校／雙葉小学校／青山学院初等部／国府台女子学院小学部

【本人の性格・健康状態】光塩女子学院初等科／成蹊小学校／洗足学園小学校／聖心女子学院初等科

【学校に期待すること】立教小学校【家族紹介】日本女子大学附属豊明小学校【備考欄】暁星小学校／清泉小学校

【家族写真】青山学院初等部【通学経路】桐朋小学校

※各学校の出願書類を掲載していますが、あくまでも記入例とするために各学校の書類から一部抜粋したものであり、実際の書類とは異なっていることをご了承ください。

※出願書類の記入例の中には、項目欄の最後まで埋まっていないものや単語の途中で改行されているものがありますが、どちらも誌面の都合上、読みやすくしているため、そのような表記をしていますことをご了承ください。本来であれば、行の最後まで埋めるのがよいとされています。また、文章を次の行に続けるときには単語などが切れないように注意して改行します。たとえば「学校」という単語を書く際に1行目の終わりに「学」だけが残り、2行目の初めに「校」がくる、というようなことは避けます。実際に記入する際は字間を詰めるなどして調整してください。

青山学院初等部

＊Ｗｅｂ出願後に郵送

調査書　青山学院初等部（20××年度）

児童欄

| 1 志願者氏名 | 伸芽 航 | 性別 男 | 2 カナ氏名 シンガ コウ | 3 西暦20××年　○月　○日生 |

| 4 現住所 | 〒 153 － ○○○○　東京都目黒区○○ △－○－△ | | 連絡先　03（○○○○）○○○○ |

渋谷駅および表参道駅から初等部まで、子どもの足で20分として計算するよう指示あり。電車やバスの待ち時間や乗り換え時間も含めた合計時間を記入する

| 5 通学する場合利用交通機関名 | ○○○線　自宅から初等部までの所要時間 約 35 分 | 6 教会学校へ行っている場合は教会名 |

幼稚園（保育園、こども園）に記入してもらう

7 在園の幼稚園保育園こども園			公立	園名	12 出 欠	20××年度	20××年度	20××年4月～7月
8 所在地	〒 －		11 園長公印		登園した日数			
9 園長名					登園予定日の中での欠席日数			
					登園予定日の中での出席停止日数			
10 入園年月日 西暦　年　月　日					欠席・出席停止の主な理由等			

※太枠内は、在籍中の幼稚園（または保育園、こども園）に記入をお願いしてください

家庭欄

| 13 保護者氏名 | 伸芽 樹 | 14 志願児童との続柄 | 実 父 |

15 氏名（年齢）	父	母
	伸芽 樹　（ 45 歳）	伸芽 真紀　（ 40 歳）

16 同居家族	17 氏　名	18 年齢	19 続柄	20 備考（在学中のものは学校名・学年）
	伸芽 千代	70	祖母	
	伸芽 颯太	2	弟	

21 志願児童の海外在留経験	歳　～　歳　年　月　年　月	在留地
	在留の理由	

22 備考
- ① クリスチャンホームの場合は、所属教会と受洗年月を記入。クリスチャンでない場合でも出席教会があれば記入する
- ② 保護者、父母の現住所が志願者と異なる場合は記入する
- ③ そのほか、青山学院初等部に伝えたい事項があれば記入する

申込番号を記入

受験番号
※受験番号欄は初等部で記入します

Point

出願書類の記入方法は学校により異なります。複数の学校に出願するときは混同しないよう注意しましょう。青山学院初等部では、訂正は二重線を引き訂正印を押す、同居家族欄には志願者、父母を入れない、Ｗｅｂ出願後に確認できる申込番号を記入する、などの注意点があります。

面　接　資　料

記入者　<u>伸芽　樹</u>

質問1.　本校についてお聞きします。

　①本校の教育の様子をどのような形でお知りになりましたか。

　息子の叔母が中等部よりお世話になっておりました。そのため、キャンプや学園祭、クリスマスツリーの点火祭などの行事や礼拝の様子などを聞くことが多く、身近な存在でした。また、父母の同僚に青山学院出身の方がおり、明るく協調性のある仕事ぶりや、時折うかがう学校生活の話などから、好印象を抱いておりました。

　②本校の教育のどのような点を評価してお選びになりましたか。

　聖書の言葉を大切に、礼拝を通じて自分を見つめ、感謝や奉仕の心を育んでいく教育、一人ひとりをかけがえのない存在と認め、能力を伸ばす指導に賛同しております。また校外学習の機会も多く、仲間と助け合って生活する経験は心の財産にもなると思いました。国際交流や英語教育にも力を入れている貴校での学びを通じ、国際社会に貢献できる人間になってほしいとの願いから志望いたしました。

質問2.　お子さんの日常の生活についてお聞きします。

　①日常の生活の中でどのようなことを今まで心がけてお育てになっていますか。

　息子には豊かな発想力と、アイデアを実現できる力を身につけてほしいと願っております。そのためには心身の健康と強い意志が必要と考え、規則正しい生活とバランスのよい食事を心掛け、同時に自然の中での体験を通し、多くの発見を共有してまいりました。また、日々の積み重ねが大きな実を結ぶのだと伝え、頑張ったことに対してはうまくいかなくても本人の努力を認め、またやってみようという気持ちが持てるよう励ましてまいりました。さらに、礼儀が身につくよう「自分からあいさつをする」「話を聞くときは相手の目を見る」「元気よく返事をする」という3つについて、まずは親が実践し息子の模範となるよう心掛けております。

　②お子さんの今の様子をどのようにご覧になっていますか。

　本人の希望で3歳から水泳教室に通い始め、一度も休まず続けております。また、年長の夏休みには父親と高尾山に登るという目標を立て、弱音を吐かずに歩き通しました。頂上での笑顔に、達成感と喜びが感じられました。家庭では食卓の準備や後片づけなど自分のできることを探し、行動に移す姿を頼もしく感じております。幼稚園では、進級とともに小さな子への思いやりや自立の精神も強く感じられるようになってきたと、担任の先生よりうかがっております。今後は、息子のチャレンジ精神を一層伸ばし、優しく誠実な面を見守っていきたいと思います。

Point

学校は書かれている内容をよく読み込んだうえで面接を行います。面接でよく聞かれる質問は、保護者の出身校、仕事内容、志望理由や学校の印象、子どもの近況などです。その基となる面接資料は、青山学院初等部の教育方針を理解していることがうかがえる内容であることが大切です。

学習院初等科

＊郵送で提出

入　学　願　書

学習院初等科長　　　○○○○　殿

下記の者、学習院初等科第1学年に入学を希望いたします。

令和○年10月　○日

出願者氏名　　　伸芽　洋平　㊞

	出願番号			

受験者	志望学年	第　1　学　年			
	ふりがな	しんが　　　なな		保護者との関係	子
	氏　名	伸芽　菜々			
	生年月日	平成　○○年　　○月　　○日			
	現住所	〒101-○○○○　千代田区○○○△-○-△			
	電話	自宅　03（○○○○）○○○○	保護者携帯　○○○（○○○○）○○○○		
		第2連絡場所（固定電話）〔　　○○○○　　〕　03（○○○○）○○○○			
	保育歴	私立○○		幼稚園・保育園こども園	

保護者		氏　　名	年齢	備　考
	ふりがな	しんが　　ようへい		○○大学医学部卒業○○大学附属病院勤務
	父	伸芽　洋平	40	
	ふりがな	しんが　　ゆうこ		○○大学○○学部卒業
	母	伸芽　佑子	37	

下記の欄の記入はご自由です。

兄弟姉妹	氏　　名	年齢	学　校・学　年
	伸芽　桜	4	私立○○幼稚園年少組在園

○父、母が亡のときは亡年月日を赤字で備考欄に併記してください。
○氏名等は楷書でていねいに書いてください。
○黒色の万年筆またはボールペンで書いてください。
○保護者携帯番号は、web合格発表の登録番号となります。

 Point

書類上部の出願者氏名は、保護者名を記入するよう指定があります。受験者（本人）と取り違えないようにしましょう。考査日は願書の受付順ではなく、生年月日順に決められます。きょうだいがほかの私立学校に在学の場合は、その学校を受験しない理由を問われることがあります。

面接資料

出願番号	

お差し支えなければ、志願の理由などをご記入のうえ、同封してください。

（この票の記入、提出はご自由です。）

受験者	氏　名	伸芽　菜々	性別	女
	生年月日	平成 ○○ 年　○ 月　○ 日		

　急がず、基礎・基本を大切に、「学び」と「学び合い」によって視野を広げ、真実を見分けられる目を持つことを目指す貴院の「人づくり」こそが、私どもが求める教育でございます。

　健康な体を育み、地域でのさまざまな出会いから、ゆっくりと世界を広げ、体験を深められるよう応援することを子育ての方針としてまいりました。

　娘は優しくおおらかに育ち、仲よしのお友達を多く持つようになりました。今後は謙虚さを学び、周囲の方々に真心を尽くしながら、社会貢献を果たせる知力と体力を身につけてくれるよう願っております。

　父・洋平は○○大学医学部を卒業後、医師として、○○大学附属病院にて臨床の傍ら、後進の指導にあたっております。

　母・佑子は○○大学○○学部を卒業後、10年ほど経営コンサルティング業に従事しておりました。現在は育児の傍ら障害者福祉のボランティア活動に携わっております。

　父方祖父・義高は○○大学○○学部卒業。○○省退職の後、○○株式会社の顧問をしております。父方祖母・雅子は○○大学○○学部卒業。

　母方祖父・井本健三は○○大学○○学部卒業。○○株式会社を経営しております。母方祖母・井本小百合は○○大学○○学部卒業。

　娘には、物事の本質を見極められる知識と判断力を持ち、社会に貢献できるような人間になってほしいと思っております。貴院でご指導いただけることを、心から望んでおります。

※記述は、上の欄からはみ出ないようにしてください。

Point

記入は任意ですが、提出することが望ましいです。学校が面接で確認したいことは、子どもにとって一番身近な両親の人生観や職業観です。また、学校と家庭が同じスタンスで子どもの教育に向き合えるかどうかも重視します。面接資料では、これらを明確に伝える必要があります。

慶應義塾幼稚舎

＊Ｗｅｂ出願後に郵送

20××年度　慶應義塾幼稚舎

入学志願書

受験番号			

志願者	ふりがな	しんが　けいいち	
	氏名	伸芽　恵一	男
	生年月日	西暦　20××年　○月　○日生	
	住所	〒（140 －○○○○）品川区○○○△丁目○番△号　電話（　03　）○○○○－○○○○	
	幼稚園保育園	園名　私立　○○○幼稚園　所在地〒（140 －○○○○）　電話（　03　）○○○○－○○○○　品川区○○○△丁目○番△号	

写真
（4cm×3cm）
写真の裏面に
氏名、生年月日を
書いて貼付すること。

保護者	ふりがな	しんが　ゆうじ	本人との続柄
	氏名（自署）	伸芽　雄二	父
	住所	〒（　　－　　）　同　上　電話（○○○）○○○○－○○○○	
	緊急連絡先	株式会社○○　○○部　電話（　03　）○○○○－○○○○	

家族	氏　　名	年齢	備　　考
	伸芽　雄二	40	○○大学○○学部卒業、株式会社○○勤務
	伸芽　祥子	36	○○大学○○学部卒業、株式会社○○勤務
	伸芽　稔	75	○○大学○○学部卒業
	伸芽　悦子	65	○○大学○○学部卒業

Point

募集要項の指示をよく読み記入してください。特に注意したい点は、写真はＷｅｂ出願時に登録したものと同じものを貼付する、幼稚園・保育園に通っていなければ該当欄は空欄にする、緊急連絡先は保護者の勤務先を記入する、などです。勤務先には部署名も加えておきましょう。

＊一部抜粋

自由記入欄（本校を志望した理由、志願者の様子、家庭の方針等）

　わが子には、将来は世界でも活躍できる人材になって社会に貢献してほしいと願っています。その土台をしっかりつくるために、体力、人間力、学力の３つを家庭の基本方針として育ててまいりました。

　「体力」は人生において重要なものだと考え、さまざまな機会を与えてきました。４歳から空手に励み、東京都の大会では幼児の部で優秀な成績を収めました。家族の趣味のスキーでは努力を重ねて一人で滑れるようになりました。幼稚園の相撲大会では、家で父親を相手に練習を重ねて２年連続優勝しました。また、年長の夏には富士登山を目標に立て、その準備として東京タワーの「昇り階段」や高尾山の山歩きを体験し、富士山にも無事登頂しました。それらを通じて、努力の大切さを知り、くじけない気持ちも育まれたと思います。

　社会に受け入れられ、自分の能力を発揮しうる「人間力」を身につけるために、きちんとあいさつをする、相手の目を見て話すといった基本的なしつけをし、将来どのような道を歩むにしろ、他人の協力なしには何事もなせないと家庭で教えてまいりました。幼稚園のお友達と過ごす中で、相手と自分の違いを感じ、自己主張したり譲ったり、思いやったり仲直りしたりという社会性も身につきました。さらに、明るく好奇心旺盛な性格と豊富な語彙力で、大人とも臆せず親しめるほどに成長しています。

　「学力」を伸ばすため、家庭では興味のあることを実際に体験し、それをさらに絵日記や工作にして印象を深めるよう心掛けております。小学校でもさまざまな体験を通して、学ぶ楽しさを覚え、自ら学習する姿勢を身につけて、将来は専門的な能力をも養ってほしいと思います。

　貴校の教育理念である「独立自尊」に基づく、自分を磨きながらお互いの違いを認め、助け合うなどの教育方針は、まさにわが家の方針と共通するものです。貴校こそがわが子の成長にとって最良の環境であると確信し、入学を志望いたします。

お子さまを育てるにあたって『福翁自伝』を読んで感じるところをお書きください。

　感銘を受けた点は、常識をうのみにしなかった福澤先生の姿勢です。自分を信じ自分で責任を取ることで、能動的に信念を持って生きることにつながったのだと思いましたし、また非常にユーモアにあふれた方だと感じました。福澤先生が生きた時代は幕末の開国から、明治維新と激動の時代で、オランダ語や英語を学んでいた先生は命をねらわれる存在でもありました。そのような危機さえユーモアで包んで語られています。命がけで学んだ知識を日本に広めるという理想を持って、弟子たちに接していたからこそ、多くの門下生が集まり、日本の発展を人材育成という根本から支えていたのだと感じました。子育ても親が自分の信念を持ち理想を追求する姿を子に見せると同時に、ユーモアと余裕を持って接することの両方が必要だと改めて感じ、日々努力しています。

　　　　　　　　　記入者氏名（自署）（　　　　　　　　伸芽　雄二　　　　　　　　）

Point

自由記入欄には学校案内や知人から得た情報を整理し、自分なりの言葉でわかりやすく書くことが大切です。『福翁自伝』についての欄は単なる感想ではなく、今までの子育てをふり返ってみて、自伝の内容と共通することを述べましょう。両親で読み込んで話し合い、意見をまとめてください。

聖心女子学院初等科

＊Ｗｅｂ出願後に郵送

（表）　　　聖心女子学院　初等科　入学願書

<table>
<tr><td rowspan="7">志願者</td><td>ふりがな</td><td colspan="2">しんが　　まい</td><td rowspan="2">写真貼付</td></tr>
<tr><td>氏　名</td><td colspan="2">伸芽　麻衣</td></tr>
</table>

	ふりがな	しんが　　まい	写真貼付
	氏　名	伸芽　麻衣	・縦5cm×横4cm ・カラーでも白黒でも可 ・上半身・無帽、正面、無背景 ・3ヶ月以内に撮影したもの ・写真の裏に志願者氏名を記入
	生年月日	20×× 年　〇月　〇日生	
	現住所	〒144 -〇〇〇〇 東京都大田区〇〇△丁目〇番△号	
	電話（ 03 ）〇〇〇〇 - 〇〇〇〇		
	幼稚園 保育園 こども園	私　立　〇〇〇〇 所在地　〒144 -〇〇〇〇 東京都大田区〇〇△丁目〇番△号 電話（ 03 ）〇〇〇〇 - 〇〇〇〇	幼稚園 保育園 こども園

	ふりがな	しんが　　だいすけ	本人との続柄	父
保護者	氏　名	伸芽　大輔　㊞		
	現住所	〒 - 同　上 ※ 志願者と保護者の住所が異なる場合はその住所を、同じ場合は同上と記入する。		
		電話（ 03 ）〇〇〇〇 - 〇〇〇〇		
		携帯電話〇〇〇 - 〇〇〇〇 - 〇〇〇〇		

	氏　名（保護者含む）	年齢	備　考
家族	伸芽　大輔	37	父：〇〇大学〇〇学部卒業、 〇〇株式会社勤務
	伸芽　陽子	33	母：〇〇大学〇〇学部卒業
	伸芽　悠斗	4	弟：私立〇〇幼稚園年中組在園

	滞在国名	滞在期間	在園など
海外居住歴		歳 ～ 歳	

※書面に記載された内容は、本学院の入学試験に関する目的のみに使用します。使用用紙（白色　A4 160g /㎡ 程度）

Point
願書は学校のホームページからダウンロードして印刷します。用紙のサイズ、紙の厚さ、印刷方法（両面）などの指定がありますので注意しましょう。備考欄は、例のように保護者の最終学歴や職業を記入したり、欄全体で家族紹介を記入したりするなど自由で構いません。

（裏）

本校志望の動機		
	志願者氏名	伸芽　麻衣

　娘には謙虚さと人を大切にする心を持ち、やりたいことを自分で見つけ、社会に貢献できる女性になってほしいと願っております。そのためには精神力、知力、実行力を磨かなければなりません。貴校の説明会に参加させていただき、キリスト教の教えに基づく奉仕の精神を継承しつつ、時代の変化にも柔軟に対応されている姿勢に感銘を受けました。祈りを大切にし、人の話を心を込めて聞く力、相手の立場になり考える力、人のために役立つ喜びを与えてくださる学校生活は、いつの時代でも人間性の基盤形成にふさわしい環境であると考えます。また女子の発達段階に即した一貫教育やグローバルマインドの養成により、世界で活躍するための資質が備えられると確信しております。娘には一人ひとりを大切にしてくださる先生方のご指導を賜りながら、のびのびと学業や興味のあることに取り組んでほしいと思っております。愛と希望を持って生きる姿勢を育ててくださる貴校で、親子ともに成長したいと思い志願いたします。

性質・健康状態

　毎日、心を弾ませて幼稚園に通う明るく元気な娘です。先生方やお友達とともに、自然あふれる園の敷地でのびのびと遊ぶ時間やお祈りの時間などを通して心豊かに育っております。歌や踊りも得意で、クリスマスページェントの練習では自分以外のセリフや歌も覚え、自宅では一人で何役も披露していました。先生方、お友達、家族からたくさんの愛を受け、周りの人たちを思いやれる子どもに成長しています。健康状態は大変良好です。穏やかに過ごせることに感謝しております。

ご家庭で大切にしていることをエピソードを交えてお書きください。

　家族で過ごす時間を大切にしています。わが家は共働きですが両親とも仕事の時間を調整し、朝食と夕食は家族そろってとります。夕食の支度では娘は弟の面倒を見ながら調理や配膳などを積極的に手伝ってくれます。最近は玉子焼きの作り方を覚え、振る舞ってくれるようになりました。食卓では子どもたちに幼稚園での出来事を聞きます。子どもが話しているときは親が先回りせず、自分の言葉で最後まで話させるよう心掛けております。自分の考えを人にしっかり伝えられるようになってほしいと思います。

電車やバスの待ち時間や乗り換え時間も含めた合計時間を記入する

通学所要時間	交通機関を利用する場合の通学経路：最終下車停留所（駅）まで				
自宅から学校まで	徒　歩	バス ○○○線	バス ○○○線	バス 　　線	徒　歩
合計 約50分	自　宅 〜 （ ○○○ ）	（ ○○○ ） 〜 （ ○○○ ）	（ ○○○ ） 〜 （ 白金台 ）	（　　　　） 〜 （　　　　）	（ 白金台 ） 〜 学　校
	5分	15分	9分	分	15分

Point

人の話に耳を傾ける謙虚さ、誠実さと感謝の心を大事にしている家庭であること、また祈りを大切にしている学校への理解が子育てに結びついている様子が伝わることがポイントです。上記の例文からは、子どもが健やかに育ち活発であること、両親の子どもに向き合う真摯な姿勢が伝わってきます。

東京女学館小学校

＊過去の項目より一部抜粋。Ｗｅｂ出願後に郵送

AO型入試 推薦書（保護者用）

東京女学館小学校の受験をお考えになったのは、どのようなきっかけですか。

　母親である私は東京女学館大学出身です。同級生で今も親しくしている友人に貴校の出身者がおります。彼女は、いつも凛とした雰囲気を漂わせており、日本人女性としての品格と親しみやすさにあふれ、どのようなときも笑顔で人に接し、周りへの気遣いを忘れない人です。当時から知性と優しさに輝いていた彼女に憧れ、親しくなるうちに、貴校で教えを受けたこと、その教えが今も生き続けていることを知りました。以来、貴校に興味を抱いた私は校舎を拝見し、公開行事にも参加させていただくようになり、結婚して娘を授かったらぜひ貴校に入学させたいという願いを持ち続けてまいりました。

　私は、姉の影響で学生のころから地域のボランティア活動に参加しておりました。娘が成長していくこれからの時代には、女性は国際社会をも含むさまざまな舞台で、よりよい社会をつくるために尽力することができるようになると思います。幼稚園児の娘にも見られる「人の役に立ちたい」という純粋な気持ちを、貴校での学校生活でさらに伸ばし、自分にできることをしっかりと学んでいけるよう心から願っております。熱意あふれる先生方にご指導いただき、娘が高い思考力と意志力、正しいことを行う力、そして日本人女性としての品格を身につけることができればと切望し、入学を志願いたしました。

お嬢様が今、熱中していることは何ですか。ご家庭ではそれをどう支援されていますか。

　娘は体を動かすことが好きで、今は年少から習い始めたスイミングに熱心に取り組んでいます。スクールでは毎月進級テストがあり、合格を目指してレッスンがない日もプールに行き練習しています。親も時間をやりくりしてつき添い、コーチのアドバイスを参考に、課題点を克服できるようサポートしています。進級テストでつまずくこともありましたが、苦手なことはできるようになるまでねばり強く取り組み、今ではクロールで25m泳げるようになりました。次は背泳ぎをマスターしたいと張り切っています。スイミングを通して体力や忍耐力を養い、達成感を味わって挑戦する気持ちや努力することの大切さを実感してほしいと考えています。その経験は娘の人生に役立つはずです。

　年長の春からは、上の子が通っているダンス教室にも入会しました。音楽に合わせて体を動かすことが楽しいらしく、毎週レッスンが待ちきれない様子です。自宅でもきょうだいでよく練習しています。先日は2人でプログラムを考え、両親と祖父母の前で発表会のように披露してくれました。ダンスの技術だけでなく、お友達と一緒に踊ることで協調性も身につけられるよう願っています。また、ダンスに必要な感性や創造力を高められるよう、家族で体験活動や博物館見学などを楽しんでいます。

Point

推薦書の質問項目や行数は年度によって変わります。掲載例以外には、「あなた（保護者）の自己紹介をしてください」「東京女学館小学校の教育がすぐれているとお考えの理由をお教えください」「お嬢様の長所・短所をふまえ、保護者としての希望や期待をお教えください」などがあります。

学校行事には参加されましたか。その時の児童や教職員の姿をどのようにご覧になりましたか。

　運動会と授業公開に参加いたしました。運動会では、在校生が生き生き、はつらつと競技に集中している姿が印象的でした。上級生のお姉さまが下級生に優しく教えている場面を拝見し、温かい気持ちになりました。また、三世代で熱心に応援していらっしゃるご家族が多く、家庭的な雰囲気とともに活気にあふれていて、知らず知らずのうちに親子ともどもその場に引き込まれていくような気がいたしました。高学年のお子さんによるリトミック・ダンスや鼓笛行進は特に見事で、娘の6年後の姿を想像し、このような演技ができるようになるのだと深く感動いたしました。

　授業公開では、先生方が児童の発言一つひとつにうなずきながら、丁寧に話を聞いていらっしゃいました。発言する際も恥ずかしがる子はおらず、積極的に手を挙げて堂々と自分の意見を述べるなど、活気に満ちた授業でした。異なる意見もためらわずに発言し、活発な議論が展開される場面もありました。一方、休み時間には外でボール遊びをしたり、かけっこをしたりするなど、子どもらしい一面も見られ、貴校ではメリハリのある学校生活が営まれていると感じました。そばを通ると、在校生の皆さんが笑顔で礼儀正しくあいさつをしてくださり、娘にもこのように高い品性を身につけてほしいと心から思いました。

東京女学館小学校の教育はお嬢様のどのような点に有益だとお考えですか。

　世界にはさまざまな考え方や価値観、文化、習慣があります。娘には、その違いを柔軟に受け入れ、相手の能力を認め、共生していくことを学んでほしいと願っております。こうした姿勢こそ、国際社会はもちろん、あらゆる人間関係における相互理解の第一歩であると考えるからです。「すずかけ」で日本のよさを学び、「国際理解」では日本以外の文化に目を向けて、双方の特色を知ってほしいと思います。違いを恐れたり、排除したりするのではなく、違いがあるからこそ世界はより豊かな場所になっているのだということを、幼いころから身をもって学んでほしいと考えております。

　私が東京女学館大学で一番印象に残っている授業も、文化の違いを体験するものでした。まずは、グループごとにルールを決めてゲームを行い、次に1人ずつ新しいグループに移動します。違うグループに移ったとき、自分が最初にいたグループとルールが違うことに違和感を覚えました。それが文化の違いなのだと、教授に教えていただきました。最初の違和感さえ乗り越えられれば、相手を理解し、共感することさえ可能なのだということを知りました。娘には愛情あふれる先生方のもとで、語学はもちろん、日本を含むさまざまな国の文化を学び、言語や考え方の異なる相手を理解する大切さを知ってほしいと望んでおります。

Point

女性のリーダーシップ教育を掲げた、東京女学館小学校の理念に沿う家庭と子どもであることを伝えましょう。明るく快活で子どもらしい様子や、これからの社会を見据える親としての聡明な視点、そして自立心を育む家庭教育が伝えられるようにまとめることがポイントです。

東洋英和女学院小学部

＊Ｗｅｂ出願後に郵送

受験番号		A票

２０××年度　東洋英和女学院小学部第一学年　入学願書

<table>
<tr><td rowspan="8">志願者</td><td>ふりがな</td><td colspan="2">しんが　　みさき</td><td rowspan="2">志願者写真
４ｃｍ×３ｃｍ
３ヶ月以内に撮影</td></tr>
<tr><td>氏　名</td><td colspan="2">伸芽　美咲</td></tr>
<tr><td>生年月日</td><td colspan="2">西暦２０××年（平成○○年）　○　月　○　日</td><td rowspan="6"></td></tr>
<tr><td rowspan="2">住　所</td><td colspan="2">〒（ 106 ）-（○○○○）</td></tr>
<tr><td colspan="2">東京都港区○○○△-○-△</td></tr>
<tr><td>電話番号</td><td colspan="2">（　03　）-（○○○○）-（○○○○）</td></tr>
<tr><td rowspan="2">幼稚園
保育園</td><td colspan="2">園　名　○○○○幼稚園</td></tr>
<tr><td colspan="2">〒 106 - ○○○○
所在地　港区○○○△-○-△　　tel. 03-○○○○-○○○○</td></tr>
<tr><td rowspan="2">保護者</td><td>ふりがな</td><td colspan="2">しんが　　やすもと</td><td></td></tr>
<tr><td>氏　名</td><td colspan="2">伸芽　康元　　志願者と
の続柄　（父）</td><td></td></tr>
</table>

同居の家族

志願者との続柄	氏　名	年齢	備　考
父	伸芽　康元	38	○○大学○○学部卒業、株式会社○○○勤務
母	美和	36	○○大学○○学部卒業、○○○株式会社勤務
本　人	美咲	6	
姉	美桜	9	○○○○小学校第３学年在学

東洋英和女学院小学部長　　○○○○　様

　　このたび表記のもの、貴学院小学部第一学年に入学を志願いたします。

　　２０××年 ○ 月 ○ 日

　　　　　　　　保護者氏名　　　　伸芽　康元　　

Point

募集要項の提出書類記入例を参考に記入してください。住所は現在居住している場所を記入、受験する
年度中に転居予定の場合は、転居予定日と転居予定先も記入する、同居家族の備考欄には書きたいこと
を自由に記入するなどの指示があります。一番下の保護者氏名と捺印も忘れないようにしましょう。

家族の写真貼付欄

3ヶ月以内に撮影の家族写真を貼付してください。
カラー・白黒どちらでも結構です。（サービス版程度のスナップ写真でも可）
下記に写真説明をお書きください。

写真説明（　　年　　月撮影）

自宅最寄駅(　○○○○　)線(　○○○　)駅　通学時間(　　)時間 約30 分

電車やバスの待ち時間や乗り換え時間も含めた合計時間を記入する

本校志願の理由をお書きください。
　私どもは、人は周囲の協力や支えに助けられていると思っております。娘には礼儀正しく周りの人に配慮をすることや、人と協力し合って行動すること、自分に与えられた能力を高め人のために発揮することの大切さを教えてまいりました。そのため「敬神奉仕」を学院標語に掲げ、奉仕の生活や礼儀正しく責任ある生活ができる子どもの育成を教育方針とする貴校に、大きな魅力を感じました。
　そこで学校説明会や公開行事に参加させていただき、在校生の方々の思いやりに満ちた娘への接し方からも、学院標語が子どもたちにしっかりと根づいていることを実感いたしました。また、在校生が朗読された「私たちは愛されて守られています。それがあるからこそ学校生活が楽しいのです」「学校はもう一つの家」という作文から、先生方と子どもたちとの間に強い信頼関係が築かれていることに感銘を受けました。
　貴校は、私どもが願う「人のために進んで行動する女性」へと娘を導いてくださると確信し、ぜひ娘を学ばせていただきたいと存じます。また、私どもも学校行事や礼拝などを通じ、娘とともに学ばせていただきたく、志望いたします。
　　　　　　　　　　　　　　　　　記入者署名【　　伸芽　美和　　】

Point
「敬神奉仕」の学院標語と謙虚で堅実な校風を熟知したうえで、家庭の教育方針が合致していることを伝える内容にしましょう。専科制の授業や国際貢献できる女性教育など、校風以外を志望理由に挙げるときは、思いをきちんと伝えながらも、学校評論にならないようにすることが大切です。

雙葉小学校

＊Ｗｅｂ出願後に郵送

電車やバスの待ち時間や乗り換え時間も含めた合計時間を記入する

入 学 願 書

20××年度

雙葉小学校長 ○○○○ 殿

下記により第1学年に入学を志願いたします

20××年 10月 ○日

志願者氏名 伸芽 さくら

保護者氏名 伸芽 剛志

（印）

志願者	受験番号 ※	ふりがな	しんが　さくら
		氏　名	伸芽　さくら
		生年月日 （西暦） 20××年　○月　○日生	

	現 住 所	〒332-○○○○　埼玉県川口市○○○△丁目○番△号	電話番号 ○○○-○○○○-○○○○ （自宅・携帯電話）

住 所 変 更 予 定 等

本校までの利用交通機関

（例）自宅 ……徒歩 7分……○○停留所 ……バス 10分……△△駅 ……地下鉄○○線 15分……◇◇駅 乗り換え 5分……ＪＲ○○線 10分……四ツ谷駅 ……徒歩 5分……学校

自宅 ……徒歩 5分……○○駅 ……ＪＲ○○線 10分…… 乗り換え ○○駅東京メトロ○○線 20分…… 5分……四ツ谷駅 ……徒歩 5分……学校

かかる時間　合計 約45 分

特に注意を要する体質

現在の在園名　（園名記入）　　で保育を受ける

保護者	ふりがな	しんが　たけし
	氏　名	伸芽　剛志
	現 住 所	志願者と異なるときのみ記入

志願者氏名 伸芽 さくら

○ 氏名は戸籍登録の文字でお書きください。
○ ※印は記入しないでください。
◎ 本願書は入学試験のみに使用し、他への転用はいたしません。

○志願者本人の写真（上半身）をお貼りください。
○写真の大きさは、L版でお願いします。
　多少大きくても、小さくてもかまいません。
　白黒でも、カラーでもどちらでもかまいません。
○なるべく最近のもので、顔が　はっきり見える
　ものをお願いします。

受験番号 ※

Point

電話番号は「必ず連絡のとれる」という指定があります。Ｗｅｂで出願登録をした後に願書を郵送すると、受験票や参考票などが送られてきます。指定された日に受験票と参考票を学校に持参し、入試に必要な書類を受け取ります。独特の流れなのでよく確認し、間違えないようにしましょう。

＊指定日に持参

参 考 票 ※提出は任意です。

ふりがな	しんが　　さくら
志願者氏名	伸芽　さくら

○ご家族全員の写真をおはりください。
○写真の大きさは、L版でお願いします。
　多少大きくても、小さくてもかまいません。
○なるべく最近のもので、顔がはっきり見えるものを
　お願いします。

右の欄に、上の写真の略図を書き本人との続柄を記入してください。	上の写真の略図
（例）　父　本人　母	

1. 本校をどのようなことでお知りになりましたか？

　娘が幼稚園でお世話になった先生が貴校のご出身でした。一人ひとりをよく見てくださり、娘のよいところだけでなく、直したほうがよいところもきちんと目を向け、正しく導いてくださいました。そのような素晴らしい方を輩出した貴校へ深い関心を抱くようになりました。

2. 本校を志望したのはなぜですか？

　娘にはキャンプや野菜作りなどを通じ、自然のものすべてに命があることを教えてまいりました。娘にも自分がかけがえのない存在で、どんなときも周囲に見守られていることを感じ、困難に立ち向かってほしいと願っております。子どもたちのよき理解者として先生方がいつも温かい笑顔で見守っていてくださる、そのような学校で娘を学ばせたいと思い、志望いたしました。

3. ご家庭の教育方針をお書きください。

　「ありがとう」「ごめんなさい」がきちんと言えるよう教育してまいりました。「ありがとう」は感謝の心を示すことで相手も優しい気持ちになること、「ごめんなさい」は故意に行ったときではないほど言いにくいものですが、謙虚な心で謝ること、また頭を下げることは勇気が必要なものだから、自分が言われたときは相手の気持ちを思いやり「いいよ」と言ってあげることが大切だと伝えております。

4. 志願者本人について、学校が伺っておいた方がよいとお考えの点がありましたら、お書きください。

　気持ちの切り替えが早く、何か物事を進めるとき判断に迷うことがあっても、いったん決めたことには思い悩むことなく真剣に取り組みます。また自分の置かれた状況や立場を考え、できることを精一杯行おうとする努力家でもあります。一人っ子のためか自分の思いを上手に表現できないときもありますが、幼稚園で一生懸命に係のお仕事に取り組んだときのお友達からの反応や、素直に自分を表現することで相手が理解してくれるという体験を通して、最近は言動に自信が感じられるようになりました。

5. その他伺っておいた方がよいと思われる点がありましたら、なんでもご記入ください。

　現在、母親も仕事をしておりますが、子育てを最優先にしております。また、近くに祖父母が住んでおり、幼稚園や習い事の送迎、預かりなど日ごろからいろいろな面で協力してもらっておりますので、急なお迎えなどが必要なときも問題なく対応できます。

→ 子育ての協力者や海外生活の有無などがある場合は記入する

◎家族をお書きください。

志願者との続柄	氏　　　名	年齢	備　　　考
父	伸芽　剛志	39	○○大学○○学部卒業、○○株式会社○○部勤務
母	伸芽　はな	35	○○大学○○学部卒業、○○株式会社○○部勤務
本人	伸芽　さくら	6	私立○○幼稚園年長組在園
記入者氏名	伸芽　はな		受験番号

※ 本参考票は入学試験のみに使用し、他への転用はいたしません。

Point

入試の面接は時間が短いうえ、緊張して思うように話せないことがあります。参考票の提出は任意ですが、志望理由や入学への思いなどを伝えるためにも言葉を吟味してまとめ、提出しましょう。家族の備考欄には、保護者の最終学歴や職業、きょうだいの在籍校・園などを記入するのが一般的です。

早稲田大学系属 早稲田実業学校初等部

＊Ｗｅｂ出願後に郵送

受験番号	※	番

※は記入しないこと

20XX年度 早稲田大学系属 早稲田実業学校初等部　入学志願書

早稲田大学系属早稲田実業学校　初等部校長 殿

下記の者を貴校第1学年に志願させます。

20XX年　○月　○日

保護者氏名　伸芽　祐樹 ㊞

フリガナ	シンガ　シホ		性別	写真
志願者氏名	伸芽　志帆		女	（縦5cm×横4cm）
生年月日	西暦　20XX年	○月	○日生	1.上半身脱帽 2.カラー写真 3.最近2か月以内撮影のもの
フリガナ	シンガ　ユウキ		志願者との続柄	4.スナップ写真は不可
保護者氏名	伸芽　祐樹		父	5.写真裏面に志願者氏名を記入 　（シールの場合は不要）

現住所	〒166-○○○○ 東京都杉並区○○○△丁目○番△号 ①保護者携帯 TEL　○○○　－○○○○　－○○○○ ②保護者携帯 TEL　○○○　－○○○○　－○○○○ ③自　宅 TEL　　03　－○○○○　－○○○○ 保護者メールアドレス	※学校から連絡する場合は①から順に連絡します。

幼稚園 保育園	国立 公立 ㊙私立	園　名　○○幼稚園 所在地　〒166-○○○○ 東京都杉並区○○○△丁目○番△号 　　　　　TEL　03　－○○○○－○○○○

家族構成

続柄	氏　名	年齢	備考（在学生は学校名・学年など）
本人(志願者)	伸芽　志帆	6	○○幼稚園年長組在園
父	伸芽　祐樹	39	○○大学○○学部卒業、○○株式会社勤務
母	伸芽　久美	37	○○大学○○学部卒業
兄	伸芽　大樹	8	○○小学校第2学年在学
祖母	伸芽　恵子	65	○○大学○○学部卒業

Point

入学志願書は出願サイトで申し込みをし、用紙をダウンロードして手書きで作成します。筆記用具は黒ボールペン、訂正箇所には記入者印を押すよう指定されています。家族欄の本人名はこのように記入するよう指示がない限り入れません。保護者の備考欄には最終学歴や職業を記入しましょう。

志願者氏名	伸芽　志帆	志願者生年月日	西暦 20××年　　○月　　○日
保護者氏名	伸芽　祐樹		

志　願　者 海外生活	滞在国名	滞在期間	在園・在学など
		西暦 　　年　　月～　　年　月 （　　歳～　　歳）	

本校を志望した理由、志願者の様子等をご記入下さい。

　　わが子の長所は、何事もあきらめずに最後までやり遂げることです。年長から始めた竹馬乗りでは、弱音を吐かず乗れるようになるまで黙々と練習を続けました。また、スポーツを通して強い心身を養ってほしいと、3歳から現在まで水泳教室に通わせております。家庭では、体験や本物から学ぶことが大切だと考え、五感をフルに働かせて学ぶ機会を多くつくるようにしてきました。夏には家族でキャンプに出かけ、自分で釣った魚を焼いて食事をし、テントに泊まるという都会の生活とは異なる体験に、新鮮な発見をしたようです。

　　貴校の説明会で校長先生のお話をうかがい、何事に対しても一生懸命取り組み、夢を持って人生の選択の可能性を広げるという考えに感銘を受けました。親が子どもに与えるべきものは、教養や学問を身につける機会である、と考えております。わが子には「去華就実」の精神に基づく早稲田実業学校の教育を初等部から受けさせていただき、高い志を持つ仲間と切磋琢磨しながら、世に貢献できる大人に育ってほしいと考え、志望いたします。

一次入学試験を受ける際に志願者の身体及び健康状態について特に留意してほしい点があればご記入下さい。
※身体及び健康状態が良好な場合は記入しないで下さい。

Point

早稲田大学の系属校としての特色を踏まえながら、教育に期待することを伝えましょう。文武両道の校風が色濃い学校ですので、心身ともにバランスよく鍛え、年齢相応に自立している様子をアピールすることも大切です。海外生活欄は、該当しなければ斜線を引くよう指示があります。

慶應義塾横浜初等部

＊Ｗｅｂ出願後に郵送

20XX年度　慶應義塾横浜初等部

1 入 学 志 願 書

受験番号

写真（4cm×3cm）
写真の裏面に氏名と生年
月日を書いて貼付すること

志願者	フリガナ	シンガ　ハルナ			
	氏名	伸芽　陽菜			
	生年月日	西暦　20×× 年　○ 月　○ 日生			
	住所	〒（154 - ○○○○）世田谷区○○△丁目○番△号　電話（ 03 - ○○○○ - ○○○○ ）			
	幼稚園保育園	園名　私立○○幼稚園			
		所在地　〒（154 - ○○○○）世田谷区○○△丁目○番△号　電話（ 03 - ○○○○ - ○○○○ ）			

保護者	フリガナ	シンガ　タツヤ	本人との続柄
	氏名（自署）	伸芽　達也	父
	住所	〒（ - ）同　上　電話（ - - ） 携帯電話（ ○○○ - ○○○○ - ○○○○ ）	
	緊急連絡先	株式会社○○　社長室　電話（ 03 - ○○○○ - ○○○○ ）	

家族（本人を除く）	氏　名	年齢	続柄	備　考	同居の有無
	伸芽　達也	42	父	○○大学○○学部卒業、株式会社○○経営	同・別
	伸芽　成美	34	母	○○大学○○学部卒業	同・別
	伸芽　遥斗	3	弟	私立○○幼稚園年少組在園	同・別
					同・別
					同・別
					同・別
					同・別
					同・別

Point

募集要項の書き方をよく読み、指示通りに記入してください。筆記用具は青または黒の万年筆かボールペン、志願者住所欄には都道府県を省いて記入する、幼稚園・保育園に通っていなければ該当欄は空欄にする、緊急連絡先は保護者の勤務先を記入する、などの注意事項があります。

志望理由（志願者の様子や家庭の方針に言及しながら書いてください。）

　娘には自ら考え、行動し、社会の先導者として日本だけでなく世界のさまざまな国や人々にも目を向けた、社会貢献ができる人間になってほしいと願っております。その土台をしっかりつくるために、わが家では「礼儀」「思いやり」、最後までやり抜く「強い意志」の3本柱を大切にし、本人と接しております。

　まず、朝起きたときの「おはよう」から、夜寝るときの「おやすみなさい」まで、人としての基本であるあいさつを当たり前にできることがコミュニケーションの基礎であると考え、人を尊重する「礼儀」を重んじております。そして、娘には困っている人がいたら優しく手を差し伸べられるような子であってほしいと伝え続けております。年長になってから少しずつ自覚が芽生え始め、電車でご年配の方に席を譲ったり、目の不自由な方を横断歩道に誘導したりすることもございました。幼稚園ではクラス全員で鬼ごっこをしようと決まったときに、一人のお友達が足をけがしていて走れないのがかわいそうだから「じゃんけんゲーム」にしようと提案し、皆を納得させるリーダーシップも発揮していたと先生よりうかがいました。自分のできる最大限のことをお友達にしてあげる「思いやり」の気持ちも育っているように感じます。また、年中から本人の希望で水泳教室に通っており、絶対に泳げるようになるんだという「強い意志」のもと、毎週休まずに通い続けています。今年になって25mを泳げるようになったことは本人の大きな自信にもなったようです。

　人間としての基礎を築く大事な幼少期に、「律儀正直親切」を一貫教育の長いサイクルの中で実践していく貴校の教育は、心豊かな人間への成長を促すものと存じます。人間性を高める貴校の方針はわが家の教育方針とも共通しており、ぜひ貴校で学ばせていただきたく志望いたします。

「福翁百話」の家庭や親子関係などに関して書かれている部分を読み、保護者と志願者の関わりについて感じるところを書いてください。

　『福翁百話』は貴塾出身の友人に薦められ、これまでも仕事で悩んだときなど折にふれ手に取り指針とさせていただいておりました。このたび改めて拝読し、家庭は夫婦が共同経営するものであり、夫婦相互の敬意のうえに成り立つというお話に身の引き締まる思いがしました。忙しさを理由に相手への敬意が薄れていないか、子育ての基盤となる家庭が揺らいでいないか、時折わが身をふり返ってまいる所存です。

　子育てにおいては、身体の発育と教育が大切であるという点に大変共感いたしました。娘は先に述べたように水泳を続けているためか体格がよく、風邪を引くこともめったにありません。休日は家族でよく公園に行き、ボールやアスレチックで遊ぶなど体を思い切り動かします。精神面の発育のためにはさまざまな体験が必要だと考え、コンサートや美術館、博物館などへも積極的に出向きます。音楽や展示を楽しみながら、公共の場でのマナーも身につけられるよう、親が手本となれる立ち居振る舞いを心掛けております。教育では、子どもの素質を磨き、光を放つようにするのが教育の功徳であるというお話が、まさしくわが家の理想とする教育の姿であると再認識いたしました。私どもの子育ての目標は娘の自立です。貴校の教育のもと娘が自身の素質を磨き、良識や気品と死に至るまで自活できる独立自尊の精神を養わせていただけることを願っております。

　　　記入者氏名（自署）（　　　　　伸芽　　達也　　　　　　　　　）

 Point

　記入欄が広いので読みやすさを心掛けましょう。志望理由では慶應義塾横浜初等部の特色と思われることを、家庭の教育方針や子どもの様子がわかるように、ご自身の言葉で率直に書くことが大切です。下の欄は子育て観なども盛り込み、単なる感想文にとどまらないよう注意しましょう。

晃華学園小学校

＊Ｗｅｂ出願後に郵送

20××年度　　　　　　　面　接　資　料　票　　　　　　晃華学園小学校

《記入上の注意》❶数字は算用数字で記入　❷家族欄は保護者、受験者、血縁関係以外の同居人も記入　❸写真はしっかり貼付

※受験番号欄は記入しないでください。

受験番号	第1回 第2回 第3回	受験者	ふりがな	しんが　みほ		男・女	保護者	ふりがな	しんが　ようへい
			氏名	伸芽　美帆				氏名	伸芽　陽平
			生年月日（西暦）	20××年 ○月 ○日生 6歳				生年月日（西暦）	XXXX年 ○月 ○日生

現住所	〒182-○○○○　東京都調布市○○△丁目○番地△	TEL	042（○○○）○○○○
		携帯電話	○○○（○○○）○○○○
		MAIL	＠

家族構成	家族・同居人氏名	受験者との関係	年齢	在園・在校名
	伸芽　陽平	父	39	
	伸芽　淳子	母	36	
	伸芽　俊一	祖父	70	
	伸芽　美智子	祖母	63	

家庭の教育方針を具体的にお書きください。

　規則正しい生活を心掛けております。社会性の面ではあいさつや感謝の言葉を自分から言えるよう、また公共の場でのマナーやルールを守れるよう両親が手本を示しております。子どもの興味・関心の芽を伸ばすために、日々の小さな発見についても家族で話し合うように努めております。

本校との関わり

　貴校に在学中の○○さん、△△さんのご家庭と親しくおつき合いさせていただいております。

受験者について	園歴	自・20××年 ○月○日　至・20××年 ○月○日　私立○○○幼稚園	現在園の所在地・電話番号	〒182-○○○○　東京都調布市○○△丁目○番地△　TEL　042（○○○）○○○○

	長所	好奇心と学習意欲が旺盛で、何事にも熱心かつ慎重に取り組みます。集団活動において、アイデアが豊富で活発に発言し、皆が意見を出しやすい雰囲気をつくり、円満な人間関係を築く努力をしております。	短所	時として自分の考えに固執し、周囲からのアドバイスに対して頑なな態度を取ることがあります。しかしそれが物事にねばり強く取り組む姿勢にもつながっており、素直な気持ちで話を聞くことができるように導いていきたいと考えております。

通学時間・通学方法	・自宅から本校までの平均所要時間（　時間 約30分）※乗り換えに必要な時間も含んでお書きください。・自宅から本校までの通学路とその方法※乗降車駅（停留所）名、利用する乗り物、路線名、徒歩など詳しく記入してください。　自宅 —徒歩10分→ ○○○駅 —○○線 6分→ つつじヶ丘駅 —バス 7分→ 晃華学園 —徒歩5分→ 学校	本校を志望した理由	親しいご家族のお嬢さまが貴校に通われています。学校生活のお話をうかがい、ぜひわが子にも素晴らしい教育環境で学んでほしいと思い志望いたしました。「学校は第二の家庭、家庭は第一の学校である」という学校長先生のお言葉に感銘を受けております。　学校生活の中で子どもが互いを高め合う豊かな人間関係を築き、社会に貢献できる女性に育ってほしいと望みます。また、カトリックの精神のもと、ゆるしと奉仕の心を子どもだけではなく、親もともに学ばせていただきたく存じます。

写　真

※ここには同居する家族で撮った写真をお貼りください。

※はっきり見えるものなら写真店などで撮ったものでなくても可。

上の欄に写真の人物の略図を書き、受験者本人との続柄を記入の事。（例）

父親　本人　母親

※この面接資料は、使用後は本校で責任をもって管理、または破棄致します。

Point

学校のホームページか出願サイトからダウンロードし、B4サイズの白い用紙に印刷するよう指示があります。キリスト教系の学校なので、志望理由には感謝・奉仕・勤勉の姿勢を示すなど、教育方針や教育内容に賛同している気持ちを表すことがポイントです。

白百合学園小学校

＊Ｗｅｂ出願後に郵送

受験番号[　　　　　]

白百合学園小学校　入学願書

志願者	フリガナ 氏名	シンガ　　マリナ **伸芽　満里奈**	写真貼付 ・縦5cm×横4cm ・カラー、白黒可 ・正面上半身、無帽 ・3か月以内撮影のもの ・裏面に志願者の氏名を記入	
	在園名	私立○○○○幼稚園 電話番号　　047（　○○○　）○○○○		
	所在地	〒　272 － ○○○○ 千葉県市川市○○△丁目○番△号		
	在園期間	西暦 20××年 ○月 ～ 20××年 ○月卒園見込		
	本校までの通学経路	自宅 ⟶徒歩・バス [5]分 （　○○○○　）駅 ⟶ （　○○○○　）線 [25]分 （　　　　　　　）駅 （　　　　）線 ⟶ [　　]分 （　　　）駅 （　　　　）線 [　　]分 （　　　）線 ⟶ [　　]分 （　　　）駅 ⟶ 九段下駅・飯田橋駅 所要時間 [約40]分		
	海外居住歴 （※有る場合）	在留期間 西暦　　年　　月～　　年　　月	在留国名	
保護者	フリガナ 氏名	シンガ　　コウキ **伸芽　恒樹**	本人との続柄	父

同居家族〈本人は除く〉	続柄	氏　　　名	年齢	備考（参考になると思われることはご自由にお書きください）
	父	伸芽　恒樹	35	○○大学○○学部卒業、株式会社○○経営
	母	伸芽　尚子	33	○○大学○○学部卒業、○○株式会社勤務
	弟	伸芽　大輔	1	

電車やバスの待ち時間や乗り換え時間も含めた合計時間を記入する

志望理由	娘には優しさと謙虚な心を持ち、品格と知性を備えた女性に成長してほしいと思っております。そのため貴校の「キリスト教の精神に根ざした価値観を養い、神と人の前に誠実に歩み、愛の心をもって社会に奉仕できる女性を育成する」という教育目的に感銘を受けました。また、学校見学会や展覧会で在校生の作品や植物の観察日記、調べ学習の成果を記したノートなどを拝見し、自ら考え、自分の言葉でしっかり伝える力が育っていることに心から感動いたしました。さらに、保護者の方々もお子さんたちの取り組みを応援しながら、親としてともに成長しておられる様子がうかがえ、ぜひわが家も親子ともども、このような環境で学ばせていただきたいと思い、志望いたしました。

🐻 Point

志望理由欄はそれほど大きくはないので、読みやすく簡潔に要点をまとめましょう。家庭の教育方針を重視している学校ですので、両親が望む子どもの将来像と、白百合学園のキリスト教の精神に基づいた教育が合致するように書いてください。

成蹊小学校

＊Ｗｅｂ出願後に郵送

受　験　番　号	受験番号ラベル貼付

20XX年度　家　庭　調　査　書　　成蹊小学校

ふりがな	しんが　そうた	性　別	ふりがな	しんが　のぶゆき
志願者氏　名	伸芽　蒼太 西暦20XX年　○月　○日生	男	保護者氏　名	伸芽　信幸
			志願者との続柄	父 ・ 長男

現住所	（〒　166 - ○○○○　） 杉並区○○△－○－△	自宅電話	03 - ○○○○ - ○○○○
		携帯電話	○○○ - ○○○○ - ○○○○

志願者の保育歴および性格	保育歴	20XX年○月　　私立○○幼稚園入園 20XX年○月　　私立○○幼稚園卒園予定	志 願 者 の 写 真
	性格や特質	優しくて明るい性格でお友達も多く、周囲のことによく気がつく頼もしい存在です。幼稚園ではお友達の荷物を運んであげる、泣いている年下の子を抱っこするなど、面倒見がよいようです。また、順序立てて考えることが得意で、お友達と遊ぶときは率先して計画を立てるなど、リーダーシップを発揮しています。	写真をはるところ 縦7cm×横5cm ［スピード写真も可］

志願の理由　　記入者を○で囲む　　㊦　母 他（　　　）	通学経路と時間（地図不要）
息子には、晴れ渡る空のように広い心を持ち、弱者に寄り添える優しさや、困難に負けないたくましさを備えた子どもに育つことを願い、蒼太と命名いたしました。そして、あいさつや感謝の言葉がきちんと言え、家族やお友達を大切にできる子どもになってほしいと思い育ててまいりました。また、思いやりの気持ちを持つと同時に、自分の考えや意見をしっかり表現できることも重要だと考えております。これらのことを身につけるため、親子で明るく何でも話し合える雰囲気をつくるよう心掛けております。 　貴校の説明会にて、校長先生がおっしゃった「自学自修の習慣を確立させ、個性を伸ばし、『心の力』を発揮する教育を実践している」というお言葉に感銘を受けました。また、オープンスクールでは緑豊かな環境の中、学習意欲をかき立てるような授業風景、在校生の礼儀正しくすがすがしいごあいさつや笑顔を拝見し、より心をひかれました。 　個性を尊重し、たくましい精神や創造力を育む貴校の教育のもと、息子が将来人のために役立つ人間に成長できますよう、親子ともに学ばせていただきたく、入学を強く志望いたします。	自宅 　　　　徒歩5分 ○○○○○○ バス停 　　　　○○バス30分 吉祥寺駅 　　　　○○バス5分 成蹊学園前 　（所要時間45分）　　→
	注意 （1）受験番号ラベル（家庭調査書貼付用）を受験番号欄にセロハンテープで貼ってください。 （2）黒インクまたは黒ボールペンにより、楷書で記入してください。 （3）男女の別を記入してください。 （4）志願者との続柄は「父・長女」のように記入してください。 （5）性格や特質は、目立ったものを具体的に書いてください。 （6）記入者を○で囲んでください。

電車やバスの待ち時間や乗り換え時間も含めた合計時間を記入する

Point

家庭調査書の記入例には、「性格や特質」では具体的な事例を挙げること、「志望の理由」では同校を知った経緯、子どもに対する願い、家庭の子育ての在り方と同校の教育の合致点について述べるよう指定があります。受験番号ラベルを貼るテープの幅も指定されています。よく確認しましょう。

田園調布雙葉小学校

＊郵送で提出

本校志望にあたって

受験番号	※ここには記入しない	記入上の注意 ア　記入はすべてペン書きのこと。 イ　数字は算用数字を用いること。		田園調布雙葉小学校

本人

氏　名	ふりがな　しんが　りこ **伸芽　理子** ＊戸籍に基づき楷書で正確にお書きください	生年月日	西暦 20××年　　〇 月　　〇 日生

現住所	〒（ 221－〇〇〇〇） 神奈川県横浜市〇〇区〇〇△丁目〇番△号 　　　　　TEL　045-〇〇〇-〇〇〇〇

保育歴	20××年 〇月より 私立〇〇〇　幼稚園・保育園で保育	現在籍園の所在地 神奈川県横浜市〇〇区〇〇△丁目〇番△号 　　　　TEL　045-〇〇〇-〇〇〇〇

保護者	氏名	ふりがな　しんが　なおき **伸芽　直紀**	現住所	本人と異なるときのみ記入	連絡先	仕事の連絡先もお書きください 勤務先：〇〇株式会社〇〇部 03-〇〇〇〇-〇〇〇〇

本人との続柄	氏　名	年齢
父	伸芽　直紀	39
母	伸芽　恭子	37
本人	伸芽　理子	5
弟	伸芽　陸	3

家族（本人含む）

本校までの経路

（記入例）

自宅 —徒歩5分— 二子玉川駅 —大井町線10分— 九品仏駅 ——— 学校

自宅 —徒歩5分— 〇〇駅 —〇〇線15分— 田園調布駅 ——— 学校

自宅から本校までの平均所要時間（駅での待ち時間も含めて）……（約38）分

受験に際し、学校側に知らせておきたいことがあれば，自由にお書きください。

　私たちのもとへ生まれてきた娘の清らかな顔を見たとき、このかけがえのない命を守り、人としての礎をしっかり築いてあげたいと夫婦で誓い合いました。以来、周りの方々から温かく見守っていただき、優しく明るい子に育ちました。これからは、一人でも多くの方々に真心を尽くす人となるよう、親としての責任を果たしてまいる所存です。そのための人格形成に大切な小学校から高校までの12年間、自らの行いに見返りを求めることなく、人としての道を求めながら、よき友人たちとの交わりの中で成長し、強い心と温かさを持てるよう育ってくれることを願っております。

　幼稚園の受験ではご縁をいただけませんでしたが、貴校での学校生活を思い描きながら、通っていらっしゃる方からお話をうかがったり、『校庭のメッセージ』を拝読したりしておりました。ぜひ、貴校において娘とともに、私どもも親として自身や家族の在り方を学びながら、子どもたちの成長を支えてまいりたいと思っております。

Point

高校まである学校ですが、中学・高校での募集はなく、小学校に入学すると基本的に同じ顔ぶれで12年間過ごします。学校側に知らせておきたいことの欄にはそうした特色も踏まえ、家庭の教育方針とともに12年間の学びに対する願いなどを盛り込むとよいでしょう。

東京農業大学稲花小学校

＊一部抜粋。Ｗｅｂ出願後に郵送

事前面接用質問票

※テーマやフォーマットは年度によって変わる可能性があります。

> 志願者が社会人になる頃、社会はどのような能力や人柄を求めるようになっていると思いますか。また、それを踏まえ志願者をどのように育てたいと考えていますか。1,080字（40字×27行）以内で記入してください。

　昨今は情報化やグローバル化が加速度的に進展している一方、大規模災害やパンデミックのような予想外の事態が次々に起こるなど、先が見通しにくい状況です。息子が社会人になるころにはこの傾向はますます強まり、未来の予測が一層困難な時代になると考えられます。そのような社会で求められるのは、状況を正しく把握し、問題を分析して解決に向けて行動する力を持つ人材だと思います。それも独りよがりではなく、国籍や職種など多様な人と協働し、社会のために力を尽くせる人間性が大事だと感じます。

　息子には自ら問題を見出し、探究を重ねて答えを導き出す力を身につけてほしいと願っております。そのため何か失敗をしても、危険でない限り親はしかったり手を出したりせずに「どうしたらいいと思う？」と問いかけます。たとえば自宅で食事中にコップを倒してしまい、テーブルに水がこぼれたことがありました。どうしたらいいと思うかたずねると、息子はこぼれた水をふき、倒れにくい位置にコップを置いて食事を続けました。先日は牛乳パックを使ってぶんぶんごまを作りましたが、最初はうまく回りませんでした。すると息子は何度も穴の位置を調整し、よく回るこまを完成させていました。うれしそうにこまを回している姿に、判断力や忍耐力、問題解決力が育っていることを感じました。

　また、自分の好きなものを見つけてとことん追究してほしいため、さまざまな体験をさせるよう心掛けております。好きなことが将来の仕事につながれば、楽しんで働くことができると考えるからです。たとえ仕事に直結しなかったとしても、子どものころ何かに夢中になって取り組んだ経験は一生の財産になり、大人になって困難なことに直面したときに心のよりどころになると思います。息子が興味を持ったことは親も一緒になって楽しみ、さらに視野を広げ、自ら考え、主体性を持って取り組んでいけるきっかけづくりができるよう努めています。思いもよらない反応に驚くこともしばしばです。祖母のお見舞いに病院に行ったときは、たまたま目にした人体模型に大変興味を持ちました。そこで一緒に図鑑を見たり博物館に行って体の仕組みを確かめたりしたところ、細胞について知りたがるようになりました。最近は病気や薬と細胞の関係に関心を抱き、医師である祖父によく質問しています。貴校に入学後は「稲花タイム」などでの体験を通し、興味・関心の幅が広がり、好きなことが変わってくるかもしれません。親としてはいつでも息子の思いを受け入れ、興味・関心の芽を育て伸ばす手助けをしていきたいと考えております。

 Point

> 学校の教育方針を理解し、掲げられている「3つの心と2つの力」を家庭の教育方針と上手に結びつけるとよいでしょう。子どもの様子が生き生きと伝わるエピソードを選ぶこともポイントです。具体的に書くには、日ごろから子どもの興味・関心に目を向け、思いを引き出す声掛けも大切です。

右欄（縦書き）： 手書きまたはパソコンで記入。どちらも学校指定のフォーマットがある。手書きは20字×54行以内、パソコンは40字×27行以内

日本女子大学附属豊明小学校

＊Ｗｅｂ出願後に郵送

<table>
<tr><td rowspan="2">志願者写真添付

縦5cm　横4cm
3か月以内の写真
カラー・白黒可</td><td rowspan="2">20××年度　　面接資料

日本女子大学附属豊明小学校</td><td>受付番号</td><td></td></tr>
</table>

ふりがな	しんが　　りえ	ふりがな	しんが　　なおゆき
志願者氏名	伸芽　理恵 西暦20××年 ○ 月 ○ 日生	保護者氏名	伸芽　直之 志願者との続柄（　父　）

住所電話番号	〒171-○○○○ 東京都豊島区○○△丁目○番△号	電話　03（○○○○）○○○○

保育歴	幼稚園（保育園）名 私立○○幼稚園 西暦20××年 ○ 月 ○ 日〜現在 西暦20××年 ○ 月 ○ 日卒園予定	通学経路	自宅から学校までの所要時間 （含　乗換時間）　　時間 約25 分 利用する交通機関経路 自宅 徒歩 3分 → ○○駅 ○○○線 5分 → ○○駅 ○○○線 2分 → 目白駅 バス 5分 → 豊明小学校

本人について（行動の傾向など）

初めての場所や人に対して慎重になるところがありますが、普段は明るく活発な子です。家庭では兄と一緒によく野球ごっこをしています。幼稚園では、お友達とオニごっこやしっぽ取りゲームなどで遊ぶことが大好きです。現在は縄跳びに夢中です。年長になってからは、年少さんのお世話係に積極的に取り組んでいると、園の先生からお言葉をいただいております。

本校志望の理由

娘には、人生の土台ともなる大切な時期に、思いやりの気持ちや人と協調することの大切さなどを感じてほしいと思っております。また、自分で考え、行動できる人間に成長することを願っております。これは貴学園の三綱領とまさに合致しており、ぜひ、貴校で学ばせていただきたいと思い志望いたしました。

家族紹介（この欄の記入はご自由です）

父、母、兄、本人の4人家族です。

父・直之は○○大学○○学部卒業後、○○株式会社勤務、人事にかかわる仕事に携わっております。忙しい毎日ですが、早く帰宅できた日は娘に読み聞かせをするなど子育てに熱心です。地域の父親子育てサークルにも参加し、休日には娘や地域の子どもたちとの活動にも励んでおります。

母・美奈子は○○大学○○学部卒業後、○○株式会社に勤務。食品メーカーで管理栄養士として商品開発に携わっておりました。入社4年目に結婚、長男出産を控え退職し、現在は育児を中心に食事など家族の健康管理に努めるとともに、それぞれが素直に自分を表現できる雰囲気づくりを心掛けております。子どもたちが高学年になるころには、少しずつ社会復帰を目指すつもりです。

兄・翔は○○小学校2年生で、野球が大好きな活発で度胸のある子どもです。妹の面倒もよく見る優しさや頼もしさもあり、きょうだいげんかもしますが、いつも仲よく遊んでおります。健康で笑顔に満ちた朗らかな家族です。

電車やバスの待ち時間や乗り換え時間も含めた合計時間を記入する

Point

社会で活躍できる自立した女性の育成を目指している学校です。日本女子大学の三綱領につながる「自立心の高さ」や「思いやりの気持ち」などを念頭に置いてまとめるとよいですね。家族紹介では、母親の職業観や社会人としての意識をはっきり述べましょう。

立教女学院小学校

＊郵送で提出

A票　　立教女学院小学校第一学年入学願書

受験番号※ [　　　　]

20××年度

記入日　20××年　○月　○日

	フリガナ	シンガ゛　ミホ
志願者	氏名	伸芽　未歩

・志願者の写真（4cm×3cm）を貼ってください。

・写真の裏面に志願者名を記入してください。

生年月日　20 [××] 年 [○○] 月 [○○] 日生

〒 [168] - [○○○○]　TEL [03] - [○○○○] - [○○○○]

現住所　杉並区○○△－○－△

日中の緊急連絡先：TEL ○○○-○○○○-○○○○

幼稚園・保育園名等	園　名	通　園　期　間	所在地の郵便番号
	私立○○幼稚園	20××年4月入園 20××年3月卒園見込	168-○○○○

	フリガナ	シンガ゛　ヒデユキ
保護者	氏名	伸芽　英之

志願者との関係

父　（長女）

［記入例－父（長女）］

本校志望の理由

　　知人のお子さんが貴校の第3学年に在籍しており、娘は姉のように慕い、憧れ、同じ学校に通うことを夢見て、貴校の行事に参加するたびに娘自らが入学を強く望むようになりました。
　　貴校では、先生方が子どもたちを常に温かく見守り、常に子どもたちを主体に考えて育んでくださっているとうかがっております。校庭の遊具設置も先生方の熱意で実現されたと知り、感服いたしました。神様と先生方の温かい愛のもと、安心して子どもが自分の資質に気づき、道を切り開いていける学舎は、比肩するものなしと考えます。また、低学年時に学校に慣れ、友達をつくることを重視され、子どもの発達段階に応じて社会性を身につけさせ、お友達という人生の宝を見つけ出すチャンスを与えてくださるとうかがいました。娘にも"真実の友情"を見つける機会を与えていただきたいと切に願います。貴校は、娘の人生を豊かにしてくれる指針となり、貴校であれば、娘はユリのように気高く咲き匂い、わが道、そして最高の宝物を見つけ出せると確信いたしました。
　　私どもは、娘をありのままに受け入れ、夫婦ともに娘の羅針盤となるよう日々努め、娘の望みをサポートしていきたいと思っております。
　　父親は公認会計士として多くのクライアントを抱え、忙しい毎日ですが、娘の教育・成長のため、また貴校の繁栄のために、あらゆる協力・支援を惜しまず、献身する所存であります。貴校で学ぶことをずっと夢見てきたわが娘に、ぜひともその機会を賜りますようお願い申し上げます。

※の欄は記入しないで下さい。

Point

志望理由のスペースが広いので、冗長にならないよう注意して書きましょう。あらかじめ鉛筆で薄く罫線を引くなど、読みやすい字の大きさ、字数で記入することも大切です。また家庭の考え、学校の魅力、子どもの性格などがきちんと志望理由につながるように書き方を工夫してください。

洗足学園小学校

＊一部抜粋。Ｗｅｂ出願後に郵送

20××年度洗足学園小学校入学試験　親子面接資料

○本校志望の理由

> 学校は、学ぶ楽しさや知らないことを知る喜びを味わえる場であってほしいと願っています。その点で「一人ひとりが学ぶことの楽しさ、面白さを見出し、深い理解に基づく学力を養成していく」という学習目標を定める貴校は、わが子にとって最良の環境であると思いました。また、息子には好きなことや、やりたいことを見つけ、自分で進路を選択してほしいと考えているため、中学受験を勧奨している貴校の方針にも魅力を感じ、志望いたしました。

○ご家庭の教育方針

> 息子には目標に向かって努力する姿勢を忘れず、社会に貢献できる人に育ってほしいと考えております。難しいことに直面しても、努力を続ければ可能になるという経験をさせてまいりました。今年の夏には、苦手だった竹馬の練習を頑張り、乗れるようになりました。また、家事などのお手伝いを通して、人の役に立てる喜びを味わわせております。

○お子様の性格

> 明るく好奇心旺盛で、さまざまなことに挑戦する意欲を持つ子です。初めての場所でも物おじせず、初対面の人とも仲よくなれます。電車で妊婦さんに席を譲る優しさもあります。一方で、いろいろなことに興味を持つため、一つのことが終わらないうちにほかのことを始めたがることがあります。一つのことにじっくり取り組めるよう導いていきたいと思います。

○お子様の生活状況（好きな遊び、好きな本、お稽古ごと、兄弟姉妹関係等）

> 縄跳びやかけっこなど外で体を動かすことが大好きで、最近は野球に挑戦しています。また、昆虫にも興味があり、採集した昆虫については必ず図鑑で調べます。弟とも仲がよく、虫の名前を教えてあげたり、一緒に工作や水遊びをしたりして楽しんでいます。習い事では３歳からピアノを始め、毎日練習を続け、毎年発表会に臨んでいます。

○お子様の健康状況

> 良好です。

○その他

> 学習面での充実した教育だけでなく社会性を育む縦割り活動や、心の育成にも力を入れておられる点に深く共感いたします。特に音楽大学の系列校ならではのオーケストラ活動は、情操面に大きな影響を与えることができると存じます。息子もぜひ挑戦してみたいと楽しみにしております。学力とともに豊かな人間性を育んでいただきながら、偏りのない学びを通して、中学受験を迎えられることと確信しております。

Point

中学受験校としての姿勢をはっきり打ち出している学校です。よりよい進学先選択のために「進路サポートルーム」を設けるなど、学校全体で中学受験をバックアップしています。こういった学校側の姿勢を十分に理解したうえで、志望理由や家庭の教育方針をまとめることが大切です。

森村学園初等部

＊郵送で提出

保護者面談資料

家　庭　状　況

続柄	氏　　　名	年齢	備　　　　　　考
父	伸芽　太郎	41	○○大学○○学部卒業、○○株式会社経営
母	伸芽　佳子	39	○○大学○○学部卒業
本人	伸芽　勇気	5	私立○○幼稚園年長組在園

◎森村学園初等部へ志望の動機（簡潔に要点をお書きください）

　　人間形成の礎となる学童期には、学習だけではなく、自然の中でお友達との遊びを通し、いろいろなことを発見し学んでほしいと考えております。貴校の学校説明会の中で「しっかり学び、とことん遊べ」というモットーに基づいた学校生活のお話をうかがい、基礎学力を身につけるとともに、緑あふれる環境の中で、豊かな感性と人との絆を育んでいけるものと確信しました。私どもは、「素直・正直であること」「人の痛みや気持ちを理解できる思いやりの心を持つこと」「自分の考えを伝えられるすべを身につけること」「基本的なマナーを身につけること」を家庭の教育方針としております。学校生活の中でもご指導をいただきながら、将来は社会に貢献できるような人間に育ってほしいと考え、貴校への入学を志望いたします。

◎その他（特に志望者側から学園に伝えたいこと、質問などありましたらお書きください。）

　　息子は外遊びが大好きで、公園へ行くと初対面の子どもたちの中にも臆することなく入っていき、自ら声をかけて一緒に遊ぶなど、元気にのびのびと子どもらしく育っております。普段から食事を作ることに興味を示し、進んでお手伝いもしております。先日、母親が体調を崩したときには、率先して食事の支度をしてくれました。
　　また、電車内で高齢の方を見かけると、声をかけて席を譲るなど、人に対する思いやりも少しずつ芽生えてきたように思っております。現在通っているスイミングスクールでは、自分で目標を定め一生懸命に励んでおります。少し気分が高揚しやすいところがあり、落ち着きの面では心配もございますが、家庭では前もって行動を把握させ、時間設定にもゆとりを持たせるなどして、慌てず行動すればよいと話しております。まだ不安定な面もありますが、親子ともに素晴らしい教育を受けさせていただきたいと願っております。よろしくお願い申し上げます。

Point

ゆったりとした環境の中にも、生活面でのしつけや学業面での取り組みに熱心な姿勢がうかがえる学校です。幼稚園から高等部まで広い敷地内にあり、初等部の隣には森があるなど、自然も豊かです。実際に足を運んで学習環境を確認し、家庭の教育方針とからめて志望の動機を書きましょう。

横浜雙葉小学校

＊一部抜粋。郵送で提出

横浜雙葉小学校　**面接資料**　20××年度《入試》

受験者氏名	伸芽　愛見	記入者氏名	伸芽　伸作

（1）横浜雙葉小学校を志望される理由をお書きください。

　私どもの知人に貴校の卒業生がおります。思いやりのある聡明な方で、娘にもそんな女性になってほしいと生まれたころより願っておりました。具体的に入学を意識するようになったのは娘が年少のとき、1月に開催された展覧会に参加したのがきっかけです。表現豊かな数々の作品を拝見し、貴校の教育目標である「自分に与えられている才能に気づき、自信をもってのばしていく」ことの大切さを実感しました。また、在校生が幼い娘に見学の順番を譲ってくださるなど、温かい気遣いを感じる場面が多く、娘には人を思いやれる優しさを持ち、何事にも自信と責任を持って取り組んでほしいという、私どもの願いがかなえられる学校だと確信しました。

　娘は幼いころより慎重で、納得するまでは先へ進めない性格でしたが、自分で考え、安心して行動に移すことができるように、ゆっくり見守り育ててまいりました。最近では、幼稚園で苦手だったうんていやのぼり棒を何度も練習してできるようになったり、宿泊保育で班長に立候補し最後まで責任を持って取り組んだりするなど、心身の成長が見られます。

　貴校の校内見学会やオープンスクールなどに参加したときは、大勢の見学者のいる廊下を在校生が邪魔にならないようにさりげなく端に寄って歩く姿や、学校生活を心から楽しんでいる笑顔にもふれることができました。オープンスクールでは運営を担当していた6年生の明るくしっかりとした対応に、人に対する思いやりや誠実さを育むカトリック教育が根づいている様子がうかがえました。娘も「横浜雙葉のお姉さんのようになりたい」とよく口にしています。ぜひ貴校の教育理念のもと、自分らしさを大切にお友達と学び合いながら成長してほしいと願い、志望いたします。

Point

志望理由の差別化を図るためには、キリスト教教育と女子のみの一貫教育のよさを強調するだけでなく、実際に自身が見聞きして感じたことを軸として、数多くあるキリスト教系の女子校の中からなぜ横浜雙葉を選んだのかを記入しましょう。そのためにも公開行事には積極的に参加してください。

開智小学校（総合部）

＊一部抜粋。面接当日に持参

受験生面接シート

志願者のアピールをお書きください。

　息子には少し難しいことにも、くじけずねばり強く取り組む力があります。幼稚園の体育では苦手だった跳び箱に何度も挑戦し、目標の高さが跳べるようになりました。今年の夏は魚に興味を持ち、水族館や図書館でいろいろな魚について調べてイラストと説明入りのカードを作りました。それをお友達に見せて説明し、お魚博士と呼ばれているようです。幼稚園では縦割りグループのリーダーを務め、共同制作を行いました。途中小さなトラブルはあったものの、みんなの意見をまとめて大きなロボットを完成させ、幼稚園の作品展で誇らしげに説明してくれました。思いやりもあり、母親が風邪を引いたときは薬を飲む水や体温計を用意してくれるなど、こまやかに気遣ってくれました。幼稚園でも、お友達が困っているときに声をかけていると、先生よりうかがっています。
　小学校入学後は、持ち前の集中力やねばり強さ、優しさはそのままに、たくましく成長してほしいと願っています。

志願者の課題があるとすれば、どんなところですか。

　初めての人や場所に慣れるまで少し時間がかかります。また、わからないことがあっても恥ずかしさが先に立ち、人に聞けないようです。さまざまな体験を通して失敗してもいいことを理解させ、自信をつけさせていきたいと思います。

志願者は入学後、どんなことを楽しみにしていますか。お話しをしたときの様子をお書きください。

　体験楽習でいろいろな材料でシャボン玉を作った授業がとても楽しかったらしく、「今度は違う実験がしたい」と張り切っております。サポートのお兄さん、お姉さんに優しくしていただいたこともうれしかったようで、入学したら一緒に遊びたいと話していました。乗り物が大好きなので、電車とバスで通学できることも楽しみにしています。早く一人で行けるようになりたいと、路線図を見ながら家から貴校までのルートを覚え、改札の通り方や電車やバスの乗り方などをシミュレーションしていました。

保護者面接シート

ご家庭の教育方針をお書きください。

　息子の教育方針として、周りの人への思いやりや感謝の気持ちを育むよう心掛けています。そのためにはまず家庭で親が率先して実践することが大切と考え、家族同士でも普段から明るいあいさつを交わし合うことと、感謝の気持ちを伝え合うことを意識しています。
　息子にはさまざまなことにチャレンジしてほしいという思いもあり、週末や長期休暇中には、旅行、スポーツ観戦、キャンプ、体験活動などを家族で楽しんでいます。そして何事にも真剣に取り組み、努力することが大切であると教えております。努力を知ることにより、我慢することの大切さを理解し、頑張った後の大きな達成感を得ることができると思うからです。その達成感の積み重ねが生きる力につながると思っております。

開智の教育に関するご意見をお書きください。

　息子が生まれたころより、学力と情操面の両方を伸ばせるようなバランスのとれた教育を受けさせたいと考えてまいりました。しかし、今日の教育は受験偏重のため、ともすれば人間性を育む面が見失われているように思われます。
　そのような中、貴校の「得意を伸ばす」「志を高く学ぶ」「人のために学び、行動する」という教育目標を知り、大変共感いたしました。自分が興味・関心を持ったテーマを深めていく探究学習や、実践的な英語教育にも非常に魅力を感じております。12年間の一貫した教育理念のもと、貴校で目的意識を持って学び、夢を実現させるために努力できる人間に育ってほしいと思っております。ぜひ貴校で息子を学ばせていただきたく、また親自身もともに学んでいきたいと思い、志願いたしました。

Point

学校が教育方針や教育目標と掲げるものの中からテーマを絞り、具体的なエピソードを盛り込むとよいでしょう。例文では、本人の興味・関心を引き出して育て、学校の教育目標「得意を伸ばす」に沿った家庭での取り組みや、何度も学校に足を運び、理解を深めている姿勢が書かれています。

さとえ学園小学校

＊Ｗｅｂ出願後に郵送

出 願 時 添 付 書 類

学校法人 佐藤栄学園　さとえ学園小学校

受験番号	＊

＊受験番号欄は記入しないでください。

フリガナ	シンガ　　アユミ	性　別	生 年 月 日
志願者氏名	伸芽　歩	女	平成○○年　○月　○日生 （満　○　歳　○ ヶ月）

本校志望の理由	貴校の教育目標は、生きるうえでの礎となる知性や豊かな心を育むことにあると存じます。これは私どもが娘に望む将来像のためには必要不可欠であると共感しております。また貴校の建学の精神「人間是宝」は、子どもを一個人として認めたうえで育んでいこうという慈愛に満ちた精神だと感銘を受けました。貴校こそ、娘が充実した学校生活を過ごせると確信し、志望いたしました。
家庭の教育方針	あいさつはコミュニケーションの基本です。娘には積極的なあいさつを実践させるとともに、両親がお手本となるように日々努力しております。また実体験を積み重ねていくことが幼児期には最も大切だと考えております。親子で花壇の花を育て、お世話をするなど、自然とのかかわりを多く持つよう心掛けてきました。身近な動植物にふれ、好奇心を育み、学ぶ意欲が芽生えることを望んでおります。
本人の特技と思われるもの	ピアノと水泳です。ピアノは発表会で演奏したり、コンクールに参加したりすることを目指して大変熱心に練習に取り組んでいます。水泳は週２回スクールに通い、クロールができるようになりました。
本人の将来について （ご希望があれば、記入してください）	特性を生かして社会に貢献してほしいと願っております。現在真剣に取り組んでいる習い事だけでなく、今後学校生活で体験することなどからも好きなことを見つけていければと考えています。
通学予定経路	所要時間（　　　時間 約35分） 自宅最寄駅（　○○○○　線　　　○○　駅）

電車やバスの待ち時間や乗り換え時間も含めた合計時間を記入する

Point

志望理由に合わせて、家庭の教育方針をまとめておきましょう。家庭教育の柱をまとめたうえで、学園の「人間是宝」という建学の精神と個性伸長の教育理念につなげるとよいでしょう。子どもの成長を感じるような具体的なエピソードも書けるようにしておきたいものです。

西武学園文理小学校

＊一部抜粋。Ｗｅｂ出願時に入力

《面接資料アンケート》

※事前に PC やスマホなどで "メモ帳" や "ワード" などに文字入力したものをご用意していただくと
　出願時に「コピー → 貼付け」することにより、手続きがスムーズになります。

1. 出願理由を３点優先順位の高い順にあげてください　※ 120から240文字程度

　　第一に、イマージョン教育を導入するなど英語にふれる機会が多く、日本人としてのアイデンティティーを備えたグローバルエリートに必要な国際性を身につけやすい学校であること。第二に、同じ目標に向かって切磋琢磨でき、一生の友となりうる仲間がいること。第三に、豊富な体験活動など多彩なプログラムにより、既成概念にとらわれない新たな発想ができるようになることが出願理由です。息子の、世界に羽ばたける能力や世界観を育ててくださるのは、貴校しかないと考え志望いたします。

2. ご家庭の教育で特に留意されている点をあげてください　※ 120から240文字程度

　　息子が世界に貢献できる人間に成長するために、今最も必要なことは、自立心を育てることだと考えます。そのため家庭では教え過ぎないことと対話をすることを心掛けています。息子が何かに疑問を持ったときは親がすぐに教えるのではなく、一緒に対話をしながら本やインターネットなどで調べるようにしています。自力で解決できるよう促すことで、自学自習の姿勢を身につけられるようにするのがねらいです。また、息子の考えや興味・関心を引き出し、意欲を高められるような声掛けや環境づくりに留意しています。

3. お子様の長所と短所をあげてください　※ 120から240文字程度

　　長所はチャレンジ精神が旺盛なところです。年長になってからは料理や掃除などのお手伝いを自発的に行うようになりました。包丁や火を使う料理もやりたがり、親と一緒に野菜炒めなどを作っています。自分がやりやすいよう工夫する場面も見られます。英会話やサッカーなどの習い事にも積極的にチャレンジしています。短所は人のために何かをしてあげたい気持ちが強く、お友達や妹の世話を焼き過ぎてしまうことです。行動する前に相手の気持ちを考え、独りよがりにならないよう、導いていきたいと考えております。

4. 本校を知ったきっかけは何ですか？（複数回答可）

- □. 本校の在校生または卒業生の保護者から聞いて
- □. 幼稚園、保育園などの先生から聞いて
- □. 幼児教室の先生から聞いて
- ☑. 小学校受験用の受験雑誌等を読んで
- □. 本校のホームページあるいはインターネットを見て
- □. お子様（兄姉）が本校の在校生または卒業生
- □. お子様（兄姉）が本学園（中学・高校）の在校生または卒業生
- □. 保護者様が本学園（中学・高校）の卒業生
- □. その他（　　　　　　　　　　　　　　　　）

5. 本校の入学に際し、期待する項目は何ですか？（複数回答可）

□. 心の教育　　□. 授業の充実　　☑. 英語教育　　☑. 国際理解教育　　□. 体験学習　　□. 大学進学
□. 12 年一貫教育　　□. その他（　　　　　　　　　　　　　　　）

6. おおよその通学時間（分）記入例：約１時間10分

| 約 | 1 | 時間 | 分 |

電車やバスの待ち時間や乗り換え時間も含めた合計時間を記入する

Point

英語教育へのこだわりや、東京大学の施設での体験学習などが特色の学校です。志望理由は特色をよく理解し、家庭の教育方針と関連づけて３点にまとめましょう。子どもの長所と短所には、普段の様子や成長ぶりなども伝わるように具体的なエピソードを交えて書くとよいでしょう。

関西大学初等部

＊一部抜粋。Ｗｅｂ出願時に入力

志願者の家族

同居家族(1)の欄に保護者氏名で入力した保護者を入力し、以降は志願者本人以外の同居している家族を全て入力してください。

○同居の家族（1）氏名：伸芽　一郎
○同居の家族（1）年齢（半角数字）：36
○同居の家族（1）続柄：父
○同居の家族（1）備考：○○大学○○学部卒業、○○株式会社○○部勤務

○同居の家族（2）氏名：伸芽　花子
○同居の家族（2）年齢（半角数字）：34
○同居の家族（2）続柄：母
○同居の家族（2）備考：○○大学○○学部卒業

○同居の家族（3）氏名：伸芽　太郎
○同居の家族（3）年齢（半角数字）：7
○同居の家族（3）続柄：兄
○同居の家族（3）備考：○○市立○○小学校第２学年在学

○初等部志願の理由（300字以内）

　わが子には自ら考え、何をすべきか判断し、行動できる人間に育ってほしいと願っております。そのため、貴校の「感じ・考え・挑戦することができる子ども」を育むことを目標とした教育方針、子どもの可能性を最大限に引き出す教育を実現する姿勢に感銘を受けました。貴校ならではの取り組みである「ミューズ学習」にも魅力を感じ、ぜひわが子を託したいと思いました。また、小学校から大学まで同じキャンパスで幅広い年齢の生徒たちと過ごせることも、成長に大きく役立つものと考えます。ぜひ、貴校の12年にわたる一貫教育の中で学ばせていただき、わが子の夢を応援しながら私どもも一緒に成長させていただきたいと思い、志願いたします。

○お子様の長所（300字以内）

　わが子は穏やかな性格で、いつも笑顔が絶えず、家庭でも幼稚園でも周りを明るくしてくれる存在です。２つ年上の兄のお友達とも仲よく遊べる協調性もございます。幼稚園では、同じ学年のお友達のみならず、年下のお友達のお世話をするようになるなど、責任感も少しずつ見られるようになってきたと、先生方からうかがっております。また最近は、食事の配膳や洗濯物をたたむなど、お手伝いもよくしてくれるようになりました。そして、とてもねばり強い面もあります。補助輪なしの自転車に乗ることや鉄棒の逆上がりなど、一度でできなかったことにはできるようになるまで何度でも取り組み、途中で投げ出すようなことはありません。

Point

長所の欄では、具体的にお子さんの成長の様子を織り込み、自信を持ってしっかりアピールしましょう。その長所をさらに伸ばすために学校生活に何を期待するのかという観点で、志願理由をまとめるのも一つの方法です。どのような教育でどう伸ばしたいのか、なるべく具体的に書きましょう。

関西学院初等部

＊一部抜粋。Ｗｅｂ出願時に入力

★同居家族情報(あれば全てご記入ください)　※志願者本人および前項で入力した保護者は除く

同居家族1の氏名	伸芽　亜紀	
同居家族1の年齢	39	(半角数字)
同居家族1の続柄	母	父母/祖父母/兄弟等
同居家族1の備考欄	○○大学○○学部卒業	勤務先・学校等
同居家族2の氏名	伸芽　こころ	
同居家族2の年齢	4	(半角数字)
同居家族2の続柄	妹	父母/祖父母/兄弟等
同居家族2の備考欄	私立○○幼稚園年中組在園	勤務先・学校等

本校志望の理由など　具体的エピソードを踏まえてご記入ください

志願者の様子（300字以内）　※空白や改行も1文字としてカウントされます。

　息子は本が大好きで、自分が読んだ本の内容をいつも家族に聞かせて楽しませてくれます。最近は毎日、妹に絵本の読み聞かせをしてくれるようになりました。生き物好きでもあり昨年からクワガタムシの繁殖にチャレンジしています。好奇心旺盛で多角的な視点を持っており、以前「チーターは寒くないの？」と聞いてきたことがありました。なぜそう思うのか尋ねたところ、「とても速く走るから、風がビュンビュン当たって寒そう」と答えました。このような発想から話が発展していき、親子で一緒に調べながら学ぶことがよくあります。息子にはさまざまなことに興味を持って挑戦し、夢を実現していける人間になってほしいと願っております。

志願理由（300字以内）※空白や改行も1文字としてカウントされます。

　幼少期に重要なことは心の教育であると考え、家庭では親からの愛情で心を満たし安心感を抱かせるように努めています。人や物事とのかかわりを通じて思いやりの気持ちを育み、多くを感じ、考えることで感謝の心を身につけてほしいと思っております。そのため、貴校の優れたカリキュラムの中でも特に心の教育に感銘を受けました。スクールモットーである「Mastery for Service」の精神を学ぶ経験は、人生の貴重な糧となるでしょう。また、学校説明会に参加し、貴校であれば息子の可能性を最大限に広げることができると感じました。初等部から大学までの一貫教育で親子ともに成長させていただきたく、入学を切望します。

Point

　「志願者の様子」には親の子育て観が表れます。学校の教育方針に合った子どもに育っていることを上手に伝えたいものです。記載した内容は学校側が事前に読み、面接で質問されることがあります。子どものことに加え、親子の関係性や家庭の雰囲気がわかるエピソードを盛り込むとよいでしょう。

立命館小学校

＊一部抜粋。Ｗｅｂ出願時に入力

〈出願情報〉

1. 立命館小学校を志望する理由（350文字以内）

　　長い伝統を持ちながらも、常に時代をリードする教育を生み出している立命館学園の進取の精神に日ごろより感銘を受けており、息子を授かったとき、ぜひ貴校で学ばせたいと願ったのは自然の流れでした。以来、オープンスクールや体験教室、説明会などに参加させていただき、貴校について理解を深めてまいりました。その中で、確かな学力を身につけ、国際性と感性を育むことを重視した本物志向の教育が実践されていることに大変感激し、わが子をこの素晴らしい環境のもとで学ばせたいという思いを一層強くしております。情熱あふれる先生方のご指導や、生涯にわたり大切な存在となるであろうお友達との出会いを通して、息子が将来、社会に貢献できる広い教養と知性を身につけ、豊かな人生を切り開いていけることを願って、貴校への入学を志願いたします。

2. ご家庭の教育方針（350文字以内）

　　子育てでは、他者を思いやる優しさを育むことと、本物にふれる体験を大切にすることを心掛けています。特に重きを置いておりますのは、親子の会話とコミュニケーションです。会話をするときは息子が発する言葉や疑問を十分に受け止められるよう、たとえ忙しくても手を止め目を合わせて対応します。それにより自分が受け入れられ、信頼されていることを実感し、ほかの人も受け入れられるようになると思うからです。本物にふれる体験については、自然や音楽芸術などの素晴らしさに感動する機会を多く持ちたいと考え、野外活動やコンサートなどを家族で楽しんでいます。夏休みには川釣りをし、釣った魚をたき火で焼いて味わいました。帰宅後は体験したことをふり返りながら、息子が関心を持ったことを一緒に調べたり、絵を描いたりしています。

3. 志願者の長所や短所、特技、また現在頑張って取り組んでいること（350文字以内）

　　息子の長所は、明るく積極的で好奇心旺盛なところです。ごっこ遊びや工作などが大好きで、いつも発想豊かに遊びを広げるため、幼稚園でもお友達から一目置かれる人気者だと先生よりおほめいただいております。短所は自分のアイデアを実行しようとする気持ちが先立つあまり、時にやや強引に周囲を巻き込んでしまうことでした。しかし現在は人はそれぞれ好みやペースが異なることを理解し、譲るべきところは譲るということを学びつつあり、幼稚園でお友達や年少の子をいたわる姿も見られるようです。また、年長になってからサッカースクールに通うようになり、サッカーの楽しみを覚え始めました。スクール以外のお友達ともサッカーをして遊び、休日には自宅の庭で父親とともにパスやリフティングの練習を長時間行うなど、大変夢中になっております。

Point

　質問には「学校側が何を知りたいのか」が明確に表れています。それぞれのテーマについて、両親でよく話し合い、簡潔にまとめましょう。家庭での過ごし方や、子どもの成長が感じられる具体的なエピソードをいくつか盛り込むと、説得力のある文章に仕上がります。

お茶の水女子大学附属小学校

＊アンケート用紙例。第二次検定の出願時に記入し提出

〈アンケート〉

・公立小学校と異なる３つの点のうち２つを選んでください。また、その理由を800字程度でまとめてください。

以下の２つの点について選ばせていただきました。

① 独自のカリキュラム編成について

　私どもは３人の息子たちにとって、人間形成の土台づくりとなる大切な児童期だからこそ、知識を詰め込むだけの教育ではなく、子ども自身が自分で学びを進めていけるような教育環境が理想であると考えております。貴校の独自のカリキュラムは、子どもの学ぶ力を育てるという教育のもとに研究が進められていると理解しております。また、さまざまな文化に親しむこと、多様な文化にふれる活動も多いとうかがいました。貴校であれば本物の体験学習により、人としての無限の可能性を豊かに開花させられることと期待しております。

② 大学附属の研究学校としての理解

　貴校は公立小学校同様、児童の人間形成の礎となる場であるとともに、日本の小学校教育の進歩・向上のための研究開発学校として貢献する機関であることを十分に理解しております。

　入学させていただきました折には、学校と子どもと保護者の三者の連携を図りながら、日本の未来を担う子どもたちのために、また息子の豊かな学びの時をつくり出せるよう、保護者として研究のための協力を惜しまずさせていただきたいと願っております。

　以上、２点について述べさせていただきました。貴校での教育を通して、息子が自らの可能性を広げられるよう、また豊かな学びの時が持てますように祈っております。なにとぞ、よろしくお願い申し上げます。

Point

項目や文字数は年度により異なることがあります。これまでに「先行きが不透明な社会情勢の中で、学校教育に期待することは何ですか（400字程度）」「『聴く』ということをどのようにとらえていますか。具体的な場面を１つ挙げて書いてください（300字程度）」などの例があります。

筑波大学附属小学校

＊一部抜粋。第二次選考出願時に郵送

志 願 理 由 書

本校を志願した理由をお書きください。

　貴校においては、初等教育の理論と実践の研究校として小学校教育の研究に精力的に取り組んでおられる先生方により、伝統に裏づけされた、時代を先取りするご指導をいただけるものと考え、志願いたします。息子には、持ち前の好奇心や独創性を伸ばし、かけがえのない自分を大切にし、他者を思いやりいたわることのできる人間になってほしいと願っています。また、私ども父母も学校と一体となり、子どもの学校生活を支えることが大切と考え、学校活動への支援に協力させていただきます。

＊作文用紙例。第二次選考時に記入し提出

〈作文〉

男女	受験番号		生まれ月グループ	A　　B　　C

・他の保護者から「お子さんがわが子に意地悪をしている」と指摘を受けたらどうしますか。

　まずは事実関係を確認するため学級担任の先生に報告をし、わが子には申し出の内容について実際にどうであったのかを確認します。意地悪をしたことが事実ならば、理由はどうあれ、そのことについて本人の非を自覚させ、相手のお子さんへ謝罪させます。集団の中ではやってはいけないことがあると、しっかりと認識させるべきだと考えます。そのうえで本人の気持ちに向き合い、「どうしてそんなことをしてしまったのか」を聞いて受け止め、相手のお子さんとスムーズにコミュニケーションがとれるようにするにはどうしたらよいのかを親子で話し合いたいと考えます。学校でのことは先生に相談して進めるべきと考え、行動いたします。

 Point

志願理由には、初等教育に関する研究校であるという位置づけを理解している旨を書くことが大切です。作文は子どもが第二次選考を受けている間に約25分で記入します。テーマは毎年異なりますが、保護者が学校の方針に協力する姿勢であるかどうかを問うものが多く見られます。

志望理由

光塩女子学院初等科

＊Ｗｅｂ出願後に郵送する入学願書に記入

> 　娘には志高く、礼儀をわきまえた女性になってほしいと願い、育ててまいりました。貴校の勉学にうち込める環境と、６年間の日記指導などを通じた精神教育は、私どもの家庭の教育方針に合致することから、志望いたしました。学校説明会で拝見した掲示物の質の高さや在校生の礼儀正しい振る舞いに、その思いを強くいたしました。

Point

記入欄がそれほど広くないので、なぜこの学校に子どもを入れたいと思ったのかを言葉を吟味して簡潔に書きましょう。学校の宗教教育や指導体制、実際に参加した学校説明会での具体的な児童の様子などの中から、よいと思われることを取りあげて、要領よくまとめてください。

桐蔭学園小学校

＊Ｗｅｂ出願後に郵送する入学願書に記入

> 　貴校の「『自ら考え 判断し 行動できる子どもたち』を育てる」という教育ビジョンに共感いたしました。わが子には本物にふれ、実体験を基に学ぶ楽しさを知ってほしいと考えており、貴校のアクティブラーニング型授業や探究を重視した授業はまさに理想的だと感じております。わが子は明るく発想がユニークで、幼稚園ではムードメーカー的存在です。夏休みにはキャンプに参加し、新しいお友達ともすぐにうち解け、大自然を満喫してきたようです。小学校入学後はわが子らしさを伸ばしながら、ＡＩ時代に必要な論理的思考力、問題解決能力、コミュニケーション力を身につけてほしいと願っております。以上の点からもわが家の教育方針は貴校の理念にかなうものと信じ、入学を強く希望いたします。

Point

桐蔭学園は社会で活躍できる人材の育成に力を入れています。そのような志や基盤がある家庭かどうかを志望理由欄で見ています。同時に独自の教育プログラムに理解があるか、勉強が厳しくてもついてこられるか、学校に協力的な家庭かも見ていますので、積極的にアピールしましょう。

志望理由

桐朋学園小学校

＊Ｗｅｂ出願後に郵送する志望動機書に記入

　息子には、責任を持って社会に貢献し、向上し続ける大人に成長してほしいと願っております。そのためには、自主性、積極性、他者への思いやりが不可欠であると考え、日々の豊かな体験や人とのかかわりを大切にしてまいりました。息子は外遊びが大好きで、毎日大勢のお友達と汗だくで泥んこになって遊んでおります。また、補助輪なしの自転車、鉄棒の逆上がり、縄跳びと、自分が決めた目標に向かって努力を欠かさず、少々失敗しても「明日も頑張るぞ」と笑顔で前向きに取り組んでおります。緑豊かな自然環境の中で、賢くたくましく成長させてくださる貴校の教育によって、息子が自分で考えて行動し、誰とでも仲よくなれる子どもに育ってくれることを願い、入学を志望いたします。

 Point

桐朋学園は子ども主体の個性を大事にする教育を行っています。記入の際は、実際に学校に足を運んで感じたことを軸に、子どもの様子を交えて構成するとよいでしょう。たとえば、学校の豊かな自然環境や学校説明会で聞いたことなどにふれながら、自分の言葉でまとめましょう。

目黒星美学園小学校

＊郵送または持参で提出する入学願書に記入

　私どもは貴校の学校説明会に３回参加させていただき、その中で、聖ヨハネ・ボスコの予防教育法を基に心を育む教育をされているというお話に大変感動いたしました。特に、「人は人がつくるものであり、人間関係ができていないと子どもは教えられたことを吸収しない」「子どもは納得していなければ吸収しない」とのお言葉には自省の念が起きるとともに、心から共感いたしました。そして「いつも子どもとともに」という教えを、先生方があらゆる時と場において、子どもたちとのふれ合いを大切にするという形で毎日実践されていることに、何よりも感銘を受けました。私どもは息子に対し「社会の規範・ルールを守ること」「誰に対しても思いやりを持って接すること」「創造性を養い、人生の選択肢を増やすこと」の３点を重視して育ててまいりました。息子は幼稚園で、率先して入園したばかりの年少さんのお世話をしているようで、先生方からとても助かっているとおほめの言葉をいただきました。親として、他者へのいたわりを見せる息子の成長をうれしく思っております。今後は貴校のキリスト教教育のもとで先生方のご指導を賜りながら、たくましい体と優しい心を持ち、今よりも他者を愛することのできる人間に導いていただけたらと望んでおります。私どもも息子とともに成長していきたいと思い、志願させていただきました。

 Point

サレジオ会の創立者、聖ヨハネ・ボスコの思想がすみずみまで息づいている学校です。２～６年生は宿泊を伴うフィールドワークを系統的に行っており、高学年になると男女別のクラスになります。こうした特徴を理解し、同校の在り方や教育の使命を踏まえて志望理由をまとめることが大切です。

淑徳小学校

＊郵送または持参で提出する入学願書に記入

　私どもはわが子に、多くの体験を通して深い考えを持ち、たくましく、優しい人間になってほしいと願い育ててまいりました。就学にあたり、どの学校がわが子には合うのかと考え、日ごろから目にしていた貴校児童の通学の様子が浮かびました。説明会の際の校長先生のお話にふれ、心と学力をバランスよく育てていただける学校は、貴校のほかにないという気持ちを強く持ちました。「共生の心」という素晴らしい精神をぜひわが子に身につけさせたく、志願いたします。

Point

志望理由欄は狭いので、簡潔に記入することが求められます。仏教精神に基づく人格形成の理念と、学力強化のカリキュラムをしっかりと確立している学校ですから、少なくともその2点にはふれましょう。さらに今までの子育ての方針を踏まえてまとめるとよいでしょう。

江戸川学園取手小学校

＊Web出願後に郵送する志望理由書に記入

　息子には、混迷する社会の中でも自ら道を切り開き、力強く進んでいけるリーダーになってほしいと願っております。そのためにはさまざまな体験をし、新しい場所や人に慣れることが大切だと考え、農業体験や工場見学、友人家族とのキャンプなどに参加しています。息子は好奇心が旺盛で、初対面の人にも物おじせず質問し、知識を吸収しています。貴校のことはお子さんが在学中の知人より、息子に合うのではとおすすめいただきました。そこで学校説明会や公開行事に参加させていただき、教育理念である「心豊かなリーダーの育成」に大変共感を覚えました。教育の「10の特色」も納得のいくものでした。中でも読書重視の国語教育に一番魅力を感じています。読解力は生きるうえで欠かせない力だと思うからです。「絵だより」も素晴らしい取り組みだと思います。日記指導を行う学校はほかにもありますが、読み手を意識することで情報整理力や表現力の向上が期待できます。貴校を見学させていただいた際には一人ひとりの夢を描いた「夢ボード」を拝見し、感銘を受けました。息子も貴学園の一貫教育のもと大きな夢に向かって前進することを願い、入学を志望いたします。

Point

「規律ある進学校」として小学校から高校までの一貫教育を行っています。小学校の教育は10個の特色があります。それらを踏まえ、どのような点が家庭の教育方針と一致し、一貫教育の中で子どもにどのように育ってほしいか、ビジョンを具体的に伝えるようにしましょう。

志望理由

同志社小学校

＊Ｗｅｂ出願時に入力

　わが子にはさまざまな経験を通して学んでいく姿勢を身につけさせたいと思い、家族で山や海に出かけ、虫捕りや魚釣りなどを一緒に楽しんでいます。家庭では読み聞かせをしたり公園で遊んだりするなど、家族で過ごす時間を大切にしながら子育てをしてまいりました。広い視野を持ち、自分の進むべき道を自ら選び、目的に向かってしっかり歩んでいけるような行動力のある人間になってほしいと願っております。貴校には知人のお子さんが在学しており、充実した学校生活の様子を常うかがっておりました。貴校の教育の中でも、キリスト教精神に基づいた「良心教育」、世界について学び真の国際人となることを目指す「国際主義」、想像力や考えるプロセスを重視する「道草教育」に特に共感しております。また、公開授業の際、先生方が子どもたちを温かく見守りながら自立を促し、自主性や協調性を育む教育をされているお姿に感動いたしました。貴校の「人を思いやるこころ」に満ちた温かい環境の中で、他者のために行動できる子どもに成長させたいと願い、志願いたします。

 Point

450文字以内という指定があります。同志社の創設者・新島襄の「リーダーを育成したい」という理念をしっかり理解していることが重要です。人間的な成長を促すために、体験を重視しているのが「道草教育」ともいえますが、「のびのび」とだけとらえて観点がずれないよう注意しましょう。

家庭の教育方針

川村小学校

＊面接当日に持参する面接資料用紙に記入

例1　家庭では基本的な生活習慣を身につけることを基軸とし、心の教育を第一に考えて何事にも感謝の気持ちを持たせるよう留意して過ごしてまいりました。家族であいさつや感謝の言葉を交わし合っているためか、娘は幼稚園の守衛さんやスーパーの店員さんにも感謝を示すなど、他者にも思いやりの気持ちを持てるようになっていると感じます。

例2　家族で大事にしていることは、小さなことでも感謝の気持ちを伝え合うことです。食事は家族そろってとることも大切にしています。父親が仕事で遅くなり夕食に間に合わないときは、子ども宛てのメッセージを送り、子どもは父親宛てに絵を描いたりメッセージ動画を撮って送ったりするなど、コミュニケーションを図るよう心掛けています。

 Point

川村小学校の面接資料用紙は、学校に対する理解をしっかり示すことがポイントです。家庭の教育方針は「受験に際し、どのようなことに留意したか」「家族が大事にしている約束事は何か」などの形で問われます。家庭と学校の求める方向性が一致していることを明確に書きましょう。

立教小学校

＊面接当日に持参する面談資料に記入

　心身ともに健康であることに留意しております。身体の面では規則正しい生活を送るとともに、休日は家族で野外に出て自然にふれる機会を多く持つようにしてきました。心の面では会話を大切にし、子どもをよく理解し認めるように努めております。自分の考えや行いに自信と責任を持ち、自らの個性を生かし、能力を発揮できる人間となることを願っております。

　生活面では、自分のことは自分でできるよう促しております。また、他者を認め、ともに生きていくための思いやりを持つ、相互に理解し合うための会話力・コミュニケーション力を高める、そして、何事にも前向きに取り組みあきらめない強い心を育む、という点に留意し、夫婦で協力し子育てにあたっております。

Point

直前の質問項目「学校に期待すること」の内容との整合性を意識して記入しましょう。今までの子育ての流れが立教小学校の教育方針と近いことと、将来はどのような人間に成長してほしいかをアピールしましょう。子どもの成長を感じさせるような直近のエピソードを具体的に書けるとよいですね。

雙葉小学校

＊指定日に提出する参考票に記入

　人としての基本を備えさせることが家庭の役割だと考えております。幼少期より家事の手伝いをさせ、自立と家族の一員としての役割を意識させてまいりました。あいさつや公共の場での振る舞いについては、そのつど丁寧に教えております。今後はお友達と仲よくすることや、困っている人を思いやることの大切さも実感できるよう働きかけていくつもりです。

「自分でできることは自分で行う」「約束を守る」「相手の気持ちを考える」などが社会生活の基本であると考えております。自分で考えて行動すること、優しさや素直さが大切であることを念頭に、親子のコミュニケーションを密に取るように心掛けてまいりました。娘の話は途中で遮らずに聞き、思いに寄り添うことを大事にしております。

Point

参考票は記入項目が多いので、学校と家庭の教育方針をどう一致させるか、どのような家庭であるかをどの項目でアピールするかなど、整理して書くことが大切です。堅実な学校ですので謙虚さも重要です。学校への理解とともに、家庭の考え方が伝わるよう具体例を入れるなど工夫しましょう。

家庭の教育方針

青山学院初等部

＊Ｗｅｂ出願後に郵送する面接資料に記入

例1
　子育てにおいては、①自分でできることは自分で行う、②人に対して思いやりの気持ちを持つ、③自分の考えを持って正しい行動ができ、最後までやり遂げる、④「ありがとう」「どういたしまして」などの感謝の気持ちや礼儀を忘れない、という点を大切にしてまいりました。その結果わが子は、幼い子や弱者に対しての気遣いを示したり、できそうにないと思うことにも自ら挑戦し、最後まであきらめることなく根気よく取り組んだりすることができるようになってまいりました。最近では、疑問や興味に対する探究心が旺盛で、自ら調べて答えを見つけることがとても楽しいようです。子どもの学ぶ意欲を大切にしながら、創造力の豊かな人間に育てたいと思っております。

例2
　健康を第一として、家族でのウオーキング、自然とのふれ合い、そして祖父母との交流などを大切にしてまいりました。休日に家族で行うウオーキングでは1万5000歩を歩けるようになり、体力、気力ともに自信をつけた息子は、今年の夏休み期間中に「歩いて山手線を1周する」という目標を立てました。そして弱音を吐かずに歩き通すねばり強さと、目標を達成する強い意志を見せてくれました。将来、先の見通せない時代を生きる息子に、何よりもまず、丈夫な体と感動する心、そして豊かな発想力を身につけてもらいたいと、ゆっくりと待つ子育てを心掛けています。失敗をくり返さぬよう考えたり、新しい方法を試みたりしながら味わう達成感・成功体験は大きな自信につながると考えます。

Point
「日常の生活の中でどのようなことを今まで心掛けて育てているか」という質問です。家庭の教育方針はどのようなもので、それを日常生活の中でどう実践しているかを、具体例を挙げて説明しましょう。加えて、実践による子どもの成長ぶりを伝えられるとよいでしょう。

国府台女子学院小学部

＊考査当日に持参する面接資料に記入

　私どもは娘に、人間関係の基本は「あいさつ」と「人を思いやる心」であると伝えております。あいさつはうまくできないこともありましたが、私どもが模範となり、手本を見せていくように心掛けたところ、最近では自分からするようになりました。人を思いやる心に関しては、娘は一人っ子ということもあり、お友達と接する機会を多く持たせるよう配慮しております。遊びの中で分け合いや譲り合いの大切さを知り、お友達の喜んでいる姿をうれしく感じる気持ちが芽生えてまいりました。

Point
「子育てにおいて家庭で一番大切にしてきたことと、その結果をどう見ているか」という質問です。国府台女子学院小学部は仏教の教えを通して感謝の心や思いやり、謙虚な心を養う方針です。学校の方針と家庭の教育方針とが一致していることと、子どもの長所をしっかりアピールしてください。

光塩女子学院初等科

＊Ｗｅｂ出願後に郵送する入学願書に記入

例1　好奇心が旺盛で社交性に富むため、集中力に欠けるときもありますが、決めたことは最後までやり遂げる意志の強さがございます。

例2　慎重なところもありますが、一度始めたことは最後まであきらめずに取り組みます。ねばり強さと正義感の強いところが長所です。

Point

狭いスペースに伝えたいことを盛り込むのは難しいものですが、試験では見えにくいお子さんのよいところをしっかりアピールしましょう。気になるところが１に対してよいところは３くらいの割合で書き、気になるところは見方によってはよい面もありますので、前向きな表現をしましょう。

成蹊小学校

＊Ｗｅｂ出願後に郵送する家庭調査書に記入

例1　明るく社交的で、初対面の方にも積極的に話しかけております。失敗にもめげず、いつも前向きな気持ちでいられる素直な子どもです。毎日のお手伝いや運動を継続し、「最後まであきらめないで頑張る」をモットーに、一輪車に乗れるようになりました。目標に向かって努力を楽しむことができます。

例2　明るく元気な息子は、幼稚園でもクラスを和ませる存在だと先生方からうかがっております。運動会では、自分が出ない種目でもほかのお友達を一生懸命応援していました。一人でコツコツと何かにうち込むことも好きです。細かいプラモデルを一人で作ることがよくあり、その集中力や根気に驚かされます。

Point

できるだけ生活の中での子どもの様子が目に浮かぶように書きましょう。明るい性格であれば、幼稚園ではこう、日常ではこうというように、どのように周りに明るさを感じさせる子どもかを書いてください。幼稚園の先生やほかの保護者からの評価などを入れてもよいでしょう。

本人の性格

洗足学園小学校

＊Ｗｅｂ出願後に郵送する親子面接資料に記入

> 　好奇心旺盛で何事にも積極的にかかわり、ねばり強く取り組む子どもです。最近は手話を楽しんで覚え、病院で耳の不自由な方の役に立ちたいと申すなど、心の優しい面もあります。間違いを間違いと勇気を持って言うことができますが、その尺度にまだ未熟なところもありますので、これから導いてまいりたいと考えております。

 Point

　子どもの性格を述べる際に最も多く使われるのが、好奇心、積極性、落ち着き、優しさなどです。それだけに、ただ列記するだけでは心に残りません。例文のように「手話との出合い」など具体的なエピソードを加えることで、本人の素顔や生活が見えてきます。

性格・健康状態

聖心女子学院初等科

＊Ｗｅｂ出願後に郵送する入学願書に記入

例1
> 　娘は幼稚園生活を通じて、人への思いやりの心を持つことや、神様にお祈りをすることがごく自然にできるようになりました。年長組へ進級後は、年少さんにお祈りの仕方を教えてあげたり、着替えのお手伝いをしたりするなど、優しく気遣えるようになり、娘の成長を感じております。
> 　近ごろは幼稚園がますます好きになり、持ち前の明るさで、通園途中にお会いする方々に自分から進んであいさつをしております。皆さまからお返しいただくお言葉や笑顔が励みになり、物事に取り組む積極性も身についてきたように感じられます。娘の心が周りの方々の支えによって育まれていることに気づき、親の在り方について教えをいただいているように思っております。娘の健康状態に関しましては、アレルギーなどもなく極めて良好です。

例2
> 　娘はおおらかで、好奇心、探究心が強く、人の気持ちを察することのできる優しさがあります。また、創造性に富み、物事を計画的に行うことができます。絵を描くことや、廃材を利用していろいろなものを作ることが好きなのですが、作品の色彩の豊かさや独創性にはたびたび驚かされ、子どもの持つ無限の可能性を感じずにはいられません。
> 　何か自分のしたいことが見つかると、それを実現させるために計画を立て、方法を模索することに夢中になる姿は本当に嬉々としており、そばで見ていても楽しくなるほどです。健康状態は、大病をすることもなく良好で、心身ともに元気に過ごしております。

 Point

　記入例は子どもがいかに素直に育ったかを書いていますが、どちらも具体的な行動にふれているので、子どものよさがより伝わります。幼少期に一番影響力のある親の在り方についても言及すると、選ぶ側も納得できます。健康状態は問題があれば、学校で配慮が必要かどうかも伝えましょう。

学校に期待すること

立教小学校

＊面接当日に持参する面談資料に記入

 「キリスト教信仰に基づく愛の教育」に心より賛同し、70年以上の歴史に裏づけされた伝統ある男子一貫教育に強い信頼感を抱いております。貴校で学ぶことができましたら、息子は勇気と行動力を持つ真に優しい人間に成長できると確信しております。

例2　息子は自分よりも小さな子や困っている子を見ると、すぐに声をかけるような優しい子です。貴校のキリスト教に基づいた「愛の教育」のもと、自分や周りの人を大切に思い、自らを生かして社会に貢献できる人間になることを願って、入学を希望いたしました。

🐻Point
立教小学校の特色である①男子校であること、②キリスト教に基づく「愛の教育」について、③一貫教育についての3点を踏まえて書きましょう。面接で記入内容について質問されることがあるので、内容を覚えておき自分の言葉で説明できるようにしておくとよいですね。

家族紹介

日本女子大学附属豊明小学校

＊Ｗｅｂ出願後に郵送する面接資料に記入

父、伸芽 慎一郎（41歳）
○○大学○○学部卒業。○○株式会社○○部勤務。文武両道をモットーに学生時代はラグビー部に所属しておりました。娘にも心身の調和がとれた人間に育ってもらいたいと考えております。
母、伸芽 佳世（40歳）
○○大学○○学部卒業。○○株式会社にて経理事務に従事しておりました。結婚を機に退職し、現在は子育てに専念しております。
　家族一緒に過ごす時間を大切に考え、夏休みには毎年軽井沢へ出かけて、ハイキングや生き物とのふれ合いなど、普段の生活ではできない体験を親子で楽しんでおります。娘は最近、特に昆虫に興味を示すようになり、図鑑を見ながら生態などの説明をしてくれます。親子で一緒に学習できることをうれしく感じております。

 Point
家族紹介の欄では、どのような家庭かを率直に述べることが大切です。家族のプロフィールだけでなく、両親がどのような考えを持ち、どのようにして子どもの体験の幅を広げているか、子どもが興味を持ち始めたことをどう伸ばしているかといった記述も含めるとよいでしょう。

備考欄

＊備考欄は学校によって、家族紹介などを記入する場合と、病気など特別なことしか記入しない場合が
あります。募集要項などに書き方の参考例がある場合はそれにならって記入してください。

暁星小学校

＊Web出願後に郵送する入学願書に記入

必要最低限の記入のみで、全部埋めなくてもよい

 例1
　今春に乱視と診断され、現在矯正のために眼鏡をかけさせております。ご配慮いただけますと幸いです。そのほかは特にございません。

例2
　現在、父親が○○に単身赴任をしておりますが、来年3月には帰国し、家族と同居する予定になっております。

Point
暁星小学校の願書の備考欄には「受験の際に知ってほしい事」というただし書きがあります。子どもが左利き、眼鏡使用、けがをしているなど、入試の際に配慮してもらいたいことを記入するのが基本です。そのほか、家族や親族に在校生や卒業生がいることを記入してもよいでしょう。

清泉小学校

＊Web出願時に入力

例1
　わが子には、カトリックの教えの中で神様の存在を近くに感じながらお友達と助け合い、許し合い成長してほしいと願っております。また、貴校のカリキュラムの一つである三浦自然教室のような豊かな環境の中で自分の体と感性を育て、日常の生活ではなかなか得られない体験をさせてあげたいと思い、入学を志望いたしました。

例2
1. 母は志願者の入学に合わせ、3月に現勤務先を退職する予定です。
2. 父、母の経歴
　父：平成○○年3月、○○大学○○学部卒業。
　　　同年4月、○○株式会社に入社し、現在に至る。
　母：平成○○年3月、○○大学○○学部卒業（首席）。
　　　同年4月、○○株式会社に入社し、現在に至る。

 ### Point
清泉小学校は面接重視校です。入力画面には志望理由や保護者の職業などの記入欄がありませんので、それらの内容について、備考欄に具体的かつ簡潔に記入しておく必要があります。また、説明会や公開行事には必ず参加し、学校の環境や雰囲気などを知っておくとよいでしょう。

青山学院初等部

＊Ｗｅｂ出願後に郵送

家 族 写 真

| 受 験 |
| 番 号 |

※受験番号欄は初等部で記入します

フリガナ
志願者氏名 ＿＿＿＿＿＿＿＿＿＿＿　男・女

青山学院初等部（20XX 年度）

家 族 写 真 貼 付

○スナップ写真の全面に糊をつけて貼付
してください。

写真内の人物説明（続柄）を
ご記入下さい。

⇩

申込番号を記入

（20XX年　　月　撮影）
※20XX年７月以降のもの

 Point

家族写真は学校によってスナップ写真でも可、またサイズの誤差が許容される場合もあります。募集
要項などの指示をよく確認し用意しましょう。青山学院初等部の場合は記入上の注意に、スタジオ撮
影は不要だが、写真のサイズの指定や同居家族全員が写っていることなどの条件が明記されています。

桐朋小学校

＊Ｗｅｂ出願後に郵送する志望動機書１に記入

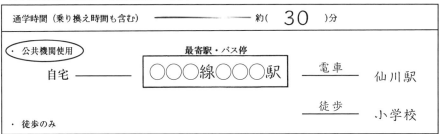

| 通学時間（乗り換え時間も含む）━━━━━ 約（ **30** ）分 |

・公共機関使用
最寄駅・バス停
自宅 ━━━━ ○○○線○○○駅 ━ 電車 ━ 仙川駅
　　　　　　　　　　　　　　　　　 ━ 徒歩 ━ 小学校
・徒歩のみ

 Point

学校のフォーマットや記入例に従います。桐朋小学校はフォーマットが部分的に印刷されているので
そこに書き加えます。電車やバスで通学する場合は「公共機関使用」を○で囲み記入例を参考に記
入、徒歩のみであれば「徒歩のみ」を○で囲み通学時間を記入するという注意があります。

合格を引き寄せる面接対策

いよいよ面接の本番です。当日、普段通りの自分を出すことは、親子ともに至難の業。しかし、ご家族が一丸となって支え合えば、面接官によい印象を与えられます。面接官は何を見て、どのような質問をするのか。実際の面接の場面を想定してみると、チェックすべきことが見えてきます。事前にシミュレーションをしておきましょう。

- 面接で学校側は何を見ているのか
- 親子一緒に練習をする
- 好印象を与える服装を選ぶ
- 持参するものを準備する
- 親と子の心構え
- 控え室での過ごし方
- 入室時の注意点
- 着席時の注意点
- よい応答のポイント
- 退出時の注意点
- 面接の心得20

面接で学校側は何を見ているのか

小学校の面接試験は、どのように行われているのでしょうか。
面接の形式は、学校ごとに違いがありますので注意しましょう。
ここでは面接の種類とその内容、学校側が見るポイントについて説明します。

■まずは面接の形式を確認

面接の内容は小学校によってさまざまですが、面接形式は大きく下記の3つに分けることができます。

・保護者面接（保護者のみで行う面接）
・親子面接（親子一緒に行う面接）
・本人面接（子どものみで行う面接）

■保護者面接のポイント

保護者面接は、子どもを取り巻く家庭の雰囲気や状況を確認するためのものです。質問は、保護者の人柄、教育方針、子どもへの接し方、志望理由などが多いのが特徴です。一番大切なことは、育児や教育において両親が共通の見解を持っているか、父親も子育てに協力し、夫婦間に温かい信頼関係があるかどうかです。よく聞かれる質問項目について、事前に両親で話し合っておきましょう。

■親子面接のポイント

親子面接では、家庭の雰囲気、子どもへの接し方、父、母、子のかかわり方のバランスなどを見ています。子どもへの質問では、答えそのものだけでなく、両親が子どもを信頼し見守っている温かさもポイントです。日ごろから温かい家庭生活を送り、自然な一体感が表れるようにしておきましょう。学校によっては親子ゲームや、指定されたテーマについて親子で話し合うといった課題が出題されることもあります。

■本人面接のポイント

志願者本人のみに行う面接では、年齢相応の基本的な生活習慣や態度、話す力、聞く力、理解力などが身についているかどうかがポイントです。入学後にほかの子どもたちと一緒に学校生活を送るにあたり問題はないかどうか、なども見られています。

面接では名前や住所、受験番号、幼稚園（保育園）名、園や家庭での生活や道徳的判断、試験当日のことなどについて質問されます。難しいことは聞かれませんが、答える内容はもちろん、答えているときの態度も見られていることを覚えておきましょう。

保護者面接

親子面接

面接日までに 親子一緒に練習をする

いざ面接となると、ごく当たり前の質問でさえ緊張し、
何を言えばよいのかわからなくなってしまうことも。
そうならないためにも、ポイントを押さえて練習しておきましょう。

■自分の言葉で答えられるように

決まった質問に答える練習だけでは、想定外の質問をされたとき、両親、あるいは親子間の答えにずれが生じてしまうことがあります。当然、面接官は「よく理解し合っていない」「子どものことをよく見ていない」という印象を持つでしょう。大切なのは普段から家族でよく話し合い、コミュニケーションを取り、お互いを理解し合うことです。たくさん会話をして、子どもが思ったことを言葉で表現できるようにしておきましょう。

親が一緒でも、自分で考え、自分の言葉で話そうとする姿勢は大事なポイントです。

嫌いな食べ物はピーマンです

■日常のあいさつから習慣づけを

座っているときや両親が話しているときは、キョロキョロせずに面接官のほうを見る。

面接室への入退出時には、おじぎとあいさつができるようにします。面接中は、相手を見て返事をし、答えられるようにしましょう。また、質問に答えられないときやわからないときは、黙ったまま困った表情をしているのではなく、「わかりません」とはっきり言うことも大切です。しかし、すぐ完璧にはできないので、まずはあいさつから習慣づけていきましょう。

■適度な緊張感と自覚を持たせる

えーとねー！

幼稚園で好きな遊びは何ですか？

赤ちゃん言葉や甘えた口調はNG。きちんと直しておく。

面接の練習は、子どもに適度な緊張感と自覚を持たせて行うとよいでしょう。ポイントは、姿勢を正し相手をしっかり見て話を聞くことです。質問されたときは自分で考えしっかり返答する、場をわきまえた受け答えができることも必要です。何度も練習し、面接当日には実践できるようにしておきましょう。

■あいさつのしかたと座り方

きちんとしたおじぎのポイントは、背筋を伸ばし、しっかり立つこと。そして相手に向かって45度くらい上体を曲げて、頭を下げることです。手は自然に前でそろえます。

いすに座るときは、座面に浅めに腰をかけ、背筋を伸ばします。足をそろえて足裏を床につけ、手はひざの上にそろえて置くようにします。

手はおひざ！

面接日までに
好印象を与える服装を選ぶ

服装で合否が決まるわけではありませんが、
外見は第一印象のよし悪しを左右する大きな要素です。
親子で統一感があり、学校側に好感を持ってもらえる服装を選びましょう。

■洋服の色や形はどのようなものがよいか

●保護者：父●

紺やグレーなどの落ち着いた色の、ベーシックなデザインのスーツが基本。目立つストライプは避けます。ワイシャツは白で、ネクタイは抑えた色目を選びましょう。

●保護者：母

シックな色のスーツかワンピースで、胸元が開かずひざが出ない丈のもの。靴はフォーマルなタイプで低めのヒールが基本。落ち着いた雰囲気を。

●子ども：男児●

品のよいシンプルなスーツ、または白いシャツに紺のベストと半ズボン。靴はフォーマルなものか、服装に合わせシンプルなものに。

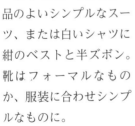

●子ども：女児

柄やフリルなどのないシンプルで清楚な印象の紺やグレーのワンピース、またはアンサンブル。靴はフォーマルなものを合わせます。

メイクやアクセサリーなどは？

●メイク

・自然な印象のメイクを心掛ける。
・目立つ色のアイシャドー、つけまつ毛を避ける。
・派手な色の口紅は避ける。

●アクセサリー

・華美な指輪やブレスレット、イヤリングなどはつけない。
・ネックレスはパール程度。ロングは避ける。

●ヘアスタイル・マニキュア

・長い髪はスッキリまとめる。極端な茶髪はNG。
・マニキュアは透明感のあるもの。ネイルアートは避ける。

子どもの身だしなみ

前髪は目にかからないようにします。髪の長い女児は動くときに邪魔にならないように結び、目立つ髪飾りは避けます。試験当日の服装は、清楚で動きやすいものを選びましょう。事前に何度か着せて慣れさせておくのがポイントです。女児はオーバーパンツもあるとよいでしょう。

爪も試験前までに、きれいに切っておきたいものです。ハンカチ、ティッシュペーパーは普段から携帯するようにし、当日持たせるものは派手な色を避けましょう。

面接日までに
持参するものを準備する

入試当日は慌ただしく、緊張もしています。
不備のないよう、持っていくものは早めに準備します。特に受験票などの大切なものは、
当日に再度確認することを忘れないようにしましょう。

受験票、出願書類のコピー

受験票の有無は真っ先に確認を。ないと受験できません。出願書類のコピーは入試当日までに何度も読み返し、内容を覚えておきましょう。

小学校から指示されたもの

子ども用の上履きは、見えないところに名前などを書いておきましょう。保護者用のスリッパは、紺や黒などの控えめな色で布製のものを選びましょう。

ハンカチ、ティッシュペーパー

子どもが携帯するティッシュペーパーは、取り出しやすいよう何枚か折りたたんでポケットからはみ出ないように入れる、など工夫しておきましょう。

着替え（靴下・下着など）

雨天やおもらしなどでぬれたときのために用意しておくとよいでしょう。

ばんそうこう、安全ピン、ソーイングセット

思わぬけが、服のほつれ、考査のゼッケンの調整などに備えてあると安心です。

雨具（傘・レインコートなど）、ビニール袋

傘袋もあると便利です。ビニール袋はゴミやぬれたもの入れに重宝します。

飲み物、折り紙、あやとり、絵本

考査や面接までの待ち時間に必要です。絵本や折り紙など、子どもが飽きずに静かに過ごせるものを用意しましょう。

メモ帳、筆記用具、辞書

書類の記入や小学校からの連絡事項のメモなどに使います。当日アンケートなどを書くときは、辞書もあると便利です。

ハンドバッグ、補助バッグ

ハンドバッグには受験票や出願書類のコピー、財布、ハンカチ、ペンなど、よく出し入れするものを入れます。補助バッグには、そのほかの持ち物を入れます。布またはビニール製の無地で、色は紺か黒を選ぶとよいでしょう。

☑ 当日の持ち物チェックリスト

- ☐ 受験票、出願書類のコピー
- ☐ 小学校から指示されたもの
- ☐ ハンカチ、ティッシュペーパー
- ☐ 着替え（靴下・下着など）
- ☐ ばんそうこう、安全ピン、ソーイングセット

- ☐ 雨具（傘・レインコートなど）、ビニール袋
- ☐ 飲み物、折り紙、あやとり、絵本
- ☐ メモ帳、筆記用具、辞書
- ☐ ハンドバッグ、補助バッグ

※ほかにも必要なものがあれば用意しておきましょう。

親と子の心構え

親の不安は子どもに伝わるものです。
面接当日も、子どもには普段と変わらない態度で接することが大切です。
落ち着いて、優しく、頼れる親を目指しましょう。

■家を出る前にやっておくこと

入試で心掛けたいのは、子どもが自分のよさを最大限に発揮できるようにすることです。面接や考査の時間にベストな状態で臨めるよう生活リズムを整えておきましょう。面接では朝食や昼食の内容を質問されることがあります。朝食（昼食）は普段と同じように用意し、「○○ちゃんの好きなおかず、おいしいね」などと声をかけながら食べるとよいでしょう。食後は出かける前までにトイレを済ませておきます。

おいしいね

■試験会場へ向かうときに会話を

試験会場には集合時間の15～20分前に到着できるようにします。道中は目にしたものなどを話題にしながら楽しい気分でリラックスできるよう心掛けましょう。会話をすることで不安や緊張感を和らげることができます。また、面接では、「今日はこの学校までどうやって来ましたか」「ここへ来るまでにどんなものを見ましたか」などと質問されることもあるので、経路や交通手段を子どもと確認しながら向かうのもよいでしょう。

■気をつけたいこんなこと

・子どもに対して普段と違う扱いをする。
・入試用の服を初めて着せる。
・親が緊張して硬い表情になる。
・「あとで何か買ってあげる」「どこかに連れていってあげる」などと言う。
・「早くしなさい」などと注意したり、しかったりして余計な緊張感を与える。
・試験前に「失敗しないでね」などとプレッシャーを与える。

早くしなさい!!

面接直前
控え室での過ごし方

校内ではいつどこで見られているかわかりません。
周囲の家族や、動き回っているほかの子どもに惑わされることのないように、
待っている間も気を抜かずに落ち着いた態度で過ごしましょう。

 面接試験は受付から始まっている

　入試当日は、受付、靴の着脱、名札の扱い方、控え室での過ごし方などすべてが試験の一部と考えてください。控え室では子どもが落ち着いて静かに待てるよう、絵本や折り紙などを持参するとよいでしょう。当日の流れや注意などが掲示されていることもあるので、確認を忘れずに。控え室に先生が説明に来られたときは、親子とも立って迎え、すすめられてから着席するようにしましょう。

○ **よい例**

- 折り紙をしたり、絵本を読んだりして静かに過ごす。
- 落ち着いて座っている。
- 声を出すときは小声にして、周りの迷惑にならないように配慮する。

✕ **悪い例**

- 子どもが勝手に立ち歩いて、はしゃいだり、ふざけたりして落ち着きがない。
- 音の出る玩具で遊んでいる。
- 大声で話している。
- 親が携帯電話で話している。

控え室

 子どもが落ち着きがなく、スマホで動画を見せると静かになります

校内では基本的にスマートフォンの使用は慎むべきでしょう。普段から絵本や折り紙などで遊ぶ習慣をつけ、お気に入りのものを持参しましょう。子どもが落ち着いて待てるようになるには、普段からけじめある生活をし、両親が場に応じた態度を示すことが大切です。

 控え室に用意されたお茶は飲んでもよいですか？

 構いませんが、飲み過ぎてトイレに行きたくならないように注意しましょう。

 子どもが泣きだしてしまったらどうしたらよいですか？

 お子さんを責めずに、気持ちが落ち着くのを待ちましょう。考査の順番などは、学校の指示に従ってください。

いよいよ面接
入室時の注意点

親子面接では、父親がリードして、子ども、母親の順に入室します。
この一連の動作から、家庭の様子がわかります。きちんとした家庭であることを印象づけましょう。
控え室から面接室への移動や入室にいたるまでの手順は、学校側の指示に従います。

父親がリードする雰囲気を

親子面接の場合は、父親がドアを軽くノックし、室内からの応答を確認してドア
を開けます。「失礼いたします」と言い、父親、子ども、母親の順に入室して、母
親が後ろをふり向き、静かにドアを閉めます。全員で一礼し、子どもは「おはよう
ございます」「こんにちは」などとあいさつをして、いすのほうに進みます。座る
前に「よろしくお願いいたします」と言った後、全員でおじぎをします。

 よい例

- 父親がリードしながら、子ども、母親の順に入室する。
- 3人そろっておじぎをする。
- おじぎの前後は面接官の目を見る。

悪い例

- 母親が先に入室したり、ペコペコおじぎをしたりしながら、いすのほうに向かう。
- おじぎをしながら、あいさつをする。
- 家族バラバラにおじぎをする。

入室 &

Q 志望校では面接時のあいさつは不要と聞いたのですが

A 時間短縮のために、おじぎやあいさつは不要とする学校があります。面接会場はドアをノックし、開けて入室するところが多いようですが、ドアを開けたままのところや、ドアがない場合もあります。控え室に指示が掲示してあることもありますので、よく確認しましょう。

Q 荷物はどこに置けばよい？

A 面接のとき荷物を置く場所は、学校の指示に従いましょう。貴重品以外は控え室に置く、面接室内や部屋の外に荷物置き場が用意されている、などのパターンがあります。荷物置き場がなく、特に指示もないときは面接室に携行し、座るいすの横に置きます。

いよいよ面接
着席時の注意点

多くの方が初めて経験する小学校受験の面接。
緊張していても心を落ち着けて、子どもがきちんと座れたかどうかなど
状況を見る余裕を持ちましょう。

正しい座り方をマスターする

　いすの下座側に、足をそろえて立ちます。面接官に着席をすすめられたら、父親は「失礼いたします」と言い、母親と子どもを気遣いながら座りましょう。母親は子どもがきちんと座れたか確認してから着席します。両親は上体を傾けたり、足元を見つめたりせず、顔は面接官に向けながら、いすに正しく座ります。全員が着席したら、面接官のほうを見て質問を待ちましょう。

正しい座り方

① いすの下座側に足をそろえて立つ。

② 外側の足を踏み出す。つま先は内側に傾ける。

③ 内側の足をいすの前に移動し、外側の足を引き寄せ、そろえて立つ。

④ 衣服を整えて静かに腰を下ろし、姿勢を正す。

着席 Q & A

Q 子どもはいすに座ると姿勢が悪くなるので、困っています

A 姿勢がよいと好印象を持ってもらえます。姿勢よく座るには、家庭でしつけることが基本です。まずは、いすが体に合っているかを確認しましょう。足が床に届かない場合は、足置き台などを用いて足をそろえて座る感覚を身につけます。背筋を伸ばして浅く座ることも大切です。

Q 着席後は視線をどこに向ければよい？

A キョロキョロせずに、面接官が声を発するまでは、相手の目より下の口元を見るようにしましょう。

Q 指示がある前に子どもが座ってしまったら

A 子どもが想定外の行動をとっても、しからず落ち着いて接することが大切です。

よい応答のポイント

正しい姿勢で、面接官のほうを向き、しっかりと目を見て答えること、
素直に自分の言葉で答えることが大切です。自分以外の人が応答しているときも、
きちんとした姿勢で耳を傾けましょう。いつでも見られていることを忘れないでください。

明るい表情で落ち着いた態度を

　両親は礼儀正しく自然な言葉遣いを心掛けましょう。たとえば「私（わたくし）どもは」「○○でございます」などを用います。ただし丁寧過ぎて敬語の使い方を間違えると逆効果です。子どもは両親を、「お父さん」「お母さん」と呼ぶようにします。わからないことや知らないことがあっても黙ってしまわずに、「わかりません」「知りません」と言うなど、しっかりと意思表示をしましょう。

○ 子どもの応答・よい例

- 面接官のほうを向いてしっかりと「はい」や「いいえ」などはっきり答える。
- きちんといすに座り、明るい表情でハキハキ話す。

× 子どもの応答・悪い例

- 悪い姿勢で座り、足をブラブラさせる。
- 面接官を見ないで答える。
- 質問がわからないと、沈黙してしまう。
- 応答している途中でいすから降りたり、舌を出したり、顔をしかめたりする。
- 無理に敬語を使って硬い表情になる。

○ 両親の応答・よい例

- 学校案内をよく読み込んだり、学校訪問をしたりするなど、その学校についての理解を深め、具体性のある話ができる。
- 願書に記入した通りの応答ができている。
- 答えている子どもを温かく見守っている。
- 明るい表情で、子どもへの愛情や教育への熱意が感じられ、子どもに対して共通理解を持っている。
- 父親か母親の一方が答えているとき、もう片方はうなずくなど一体感がある。

× 両親の応答・悪い例

- 書いたものを読み上げるように答える。
- ぞんざいな言葉遣いをしたり、いすに寄りかかったりするなど横柄な態度をとる。
- 志望動機が不明確で、志望校の知識がない。
- 願書の記入内容と応答が食い違っている。
- 父親か母親の一方が話しているときに、もう片方が話を聞いていない。
- 一方の応答に対して、「どう思われますか？」と聞かれたときに、「私も同じです」とだけ答え、自分の意見を言えない。

面接後
退出時の注意点

面接が終わったからといって態度を崩すようなことがないように、
最後まで気を抜かずに行動しましょう。面接官はベテランです。
些細なことで、今までの態度がそのときだけのものであることを見破ってしまいます。

礼を重んじる温かい家族像を

　面接が終わったら、いすから立ち上がっていすを戻し、「ありがとうございました」とあいさつをした後、やや深めのおじぎをします。あいさつははっきりとした声で、面接官に聞こえるように言いましょう。入室時と同様に、父親、子ども、母親の順にドアまで歩き、ドアの手前でふり返り、会釈程度のおじぎをします。父親がドアを開け、母親、子ども、父親の順に退出し、父親がドアを閉めます。

◯ よい例

- 父親がリードして、子ども、母親の順にドアへ向かう。
- 入室したときと同じように3人そろっておじぎをし、退出する。

✕ 悪い例

- あいさつを忘れたり子どもが先に退出したりする。
- おじぎをしながらあいさつをし、3人がバラバラにドアに向かう。
- いすを戻さずにそのまま退出する。
- 退出した途端に大きな声でしゃべる。

退　出 Q & A

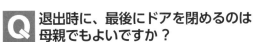

Q 退出時に、最後にドアを閉めるのは母親でもよいですか？

A 状況に合っていれば両親のどちらでも構いませんが、父親がドアを開け、母親、子どもを通し、父親が閉めるのが一般的です。父親がドアを開けて子どもを通し、ドアノブを母親に預けて、母親が閉めるのもよいでしょう。家族の統制がとれていると、好感度が高まります。

Q ドアの閉め方は？

A 静かに閉めます。最後まで気を抜かずに注意を払うようにしましょう。

Q 面接でうまく答えられなかったことが気になるのですが

A やりとりがうまくいかなくても、気にせず落ち着いて、最後まで丁寧な態度を保つようにしましょう。

面接の心得20

01 志望理由、家庭の教育方針、子どもの長所・短所など、質問されることの多い事項を両親でよく話し合っておきましょう。

02 丁寧語がよいからと、子どもに「～です。～ます」と言うように強要しないでください。子どもらしさが損なわれ、不自然になります。

03 持参する書類（受験票、願書のコピーなど）を確認しましょう。記入事項に漏れがないか、チェックも忘れないようにしましょう。

04 待ち時間を考えて、子どもが飽きないように絵本、折り紙などを用意しましょう。音の出る玩具は避けたほうが無難です。

05 小学校側から特別な指示がない場合、指定された時刻より15～20分前に着く余裕を持ち、駆け込みは絶対にやめましょう。

06 交通手段は公共の交通機関を使い、自家用車の利用は避けましょう。駐車場の問題もあり、車での来校を断る小学校がほとんどです。

07 遅刻は厳禁です。ほとんどの小学校では、どんな理由でも受験資格を失います。面接の時刻に合わせて移動時間を調べましょう。

08 上履き持参かどうかを確かめ、持参する場合は靴をしまう袋を用意します。雨の日は、ビニール袋を持っていくと便利です。

09 子どもは初めての場所では緊張から話せないこともあるため、受験する小学校に事前に連れていき、見せておくとよいでしょう。

10 子どもは、初めて着る服に緊張することが多いものです。当日着せる服は、事前に何度か袖を通しておく配慮も必要です。

11 入退室のときに、子どもが面接官の先生にあいさつをしなかったからといって、頭を押さえるなど、礼儀を強要しないでください。

12 保護者は子どもがきちんと座れたかを確かめてから、面接官の先生に軽く会釈して座る心配りを忘れないでください。

13 質問に気を取られ、子どもへの配慮を忘れてはなりません。子どもが不安な様子をしていたら、笑顔を向ける余裕を持ちましょう。

14 子どもが答えに詰まっても、保護者はイライラしないことです。保護者の緊張が顔に出ると、子どもは敏感に反応します。

15 子どもが質問に答えられないからといって、保護者が横から答えを教えるのはよくありません。面接官の次の質問を待ちましょう。

16 小学校側は保護者の反応にも注目しています。子どもが間違った答えを言ったときは、訂正せずに優しく応じてあげましょう。

17 無口な父親は、必ずしも印象が悪いわけではありません。母親が口を出し過ぎると、悪い印象を与えることにもなりかねません。

18 父親が子どもの予防接種の時期などを言い間違えても、母親は不快な顔をしないでください。非難より事前の確認が大事です。

19 小学校によっては、答える時間が短い場合もあります。子どものことや教育方針を簡潔明瞭に伝えられるようにしておきましょう。

20 小学校側は、経済的な基盤が確立し、堅実で明るい家庭の子どもを求めています。このことをよく踏まえて面接に臨みましょう。

面接でのQ&A

学校側が面接で知ろうとしているのは、子どもの資質、家庭の教育方針などです。父親と母親、本人それぞれにどのような質問がされるのか、そして、その質問に込められた意図は何か、などもしっかり理解しておきましょう。過去の面接で実際に聞かれた頻度の高い質問とその答え方を、伸芽会の蓄積された情報からピックアップしました。

- 志望理由は明確か？
- 両親が子どもをどうとらえているか？
- 家庭の教育方針は何か？
- 夫婦・親子関係、祖父母との交流は？
- 家庭で大切にしているしつけとは？
- 幼稚園（保育園）での様子は？
- 父親への質問
- 母親への質問
- 学校生活に適応できる健康状態か？
- 保護者の仕事で学校生活に影響は？
- さまざまなトラブルへの対処法は？
- 通学時間と学校への協力態勢は？

- どのような受験準備をしたのか？
- 説明会などで感じた学校の印象は？
- 社会問題に対する考え方は？

子どもへの質問
- 本人のことについて
- 家族のことについて
- 幼稚園（保育園）について
- 生活常識について
- 試験当日や学校のことについて
- 子どもと親の対話について

よくある質問

- 本校をどうして志望されたのか理由をお話しください。
- 宗教教育（キリスト教、仏教）についてどのようにお考えですか。
- 本校の教育に期待することは何ですか。
- 共学ではなく男子校（女子校）を選んだ理由をお話しください。
- お子さんには本校についてどのように説明されましたか。

答え方事例

Aさんの場合  もう一歩

　貴校の在校生の礼儀正しい姿に感銘を受けました。貴校に在籍中の知人からも学校生活についてうかがい、わが子を学ばせたいと思いました。

＊家庭の考え、思いがあまり伝わりません。

Bさんの場合 よくできました

　わが家の子育ての方針として大切にしている「自主性の尊重」が、貴校の教育方針と一致することから、授業見学に参加しました。先生方の熱心なご指導を拝見し、息子も学ぶことへの意欲を示しています。人としての基礎ができあがる大切な時期に貴校で学ばせていただくことにより、個性を伸ばして成長できることを期待しています。

＊合理的な志望理由が明確に伝わります。

Cさんの場合 NO!

　自宅から近いので通学が便利で安心なことと、制服がかわいいこと、また、有名校なので祖父母も納得すると思い、志望いたしました。

＊便利で有名だから、では熱意が感じられません。

ポイント

志望理由は必ず聞かれる面接の関門

　志望理由は学校側が一番関心を寄せる質問です。学校への理解や共感、家庭の教育方針を考慮したうえで学校を選択していることを伝えられる絶好の機会となります。そのため、「貴校の教育理念に感銘を受けました」「私も同じ意見です」などの印象に残りにくい抽象的な発言はNGです。学校の教育理念のどのようなところが家庭の教育方針と合っているのか、より具体的な説明が必要です。自身で見聞きして考えをまとめ、明確な表現で伝えましょう。

　重要なことは、保護者が志望校を十分に理解して、なぜその学校に子どもを通わせたいのかをよく話し合うことです。考えをきちんとまとめて、関門を突破しましょう。

Q 両親が子どもをどうとらえているか？

よくある質問

- お子さんは、どのような性格ですか。
- ご家庭でのお子さんはどのような様子ですか。
- お子さんの長所と短所をお話しください。
- 今の、ご主人（奥さま）のお話につけ加えることはありますか。
- お子さんの名前の由来をお話しください。

よい答え方事例

とても活発で、「公園で遊びたい」と毎日せがまれます。好奇心も旺盛で、いろいろ調べることが大好きです。外出中に見かけた鳥や花、車を絵に描いて覚えたり、わからないことを大人に聞いたりもします。このような好奇心や積極性は、大人になっても持ち続けてほしいと思っています。

＊子どもの成長を後押しする家庭環境だとうかがえます。

悪い答え方事例

うちの子は人見知りが激しいため、本番に弱いところがあります。緊張しなければ、集中力は素晴らしいのですが、今回、この面接でお見せすることができずにとても残念です。

＊子どもへの厳しさ、要求の高さが見えてしまいます。

ポイント　客観的、冷静な観察眼でわが子をアピール

わが子のことを客観的に語るのは難しいものです。実際、長々と子どもの自慢をしたり、謙遜して欠点ばかり強調してしまったりするケースもあります。そうならないためにも、子どもの発想、言葉、振る舞い、体験などを通して身についた力などを両親でふり返り、何をどのように伝えるかまとめておきましょう。具体的なエピソードを交えると、より印象に残りやすくなります。子どもの短所について話すときは、それに対して親はどのような働きかけをしていて、その結果少しずつ改善が見られているといった伝え方をするとよいでしょう。

Q 家庭の教育方針は何か？

意図　家庭の教育方針と学校の教育方針や理念が合っているかを見る質問です。

よくある質問

- ● ご家庭の教育方針をお聞かせください。
- ● お子さんにこれだけは伝えたいと思うことは何ですか。
- ● 将来、お子さんにどのような人になってほしいですか。
- ● ご両親から受け継いだことで、お子さんにも受け継いでほしいことはありますか。
- ● お仕事での経験を通して、お子さんに伝えたいことはありますか。

答え方事例

Aさんの場合

もう一歩

子どもには思いやりを持ち、信頼される人になってほしいと願っています。将来、社会で率先して人の役に立てる大人になってもらいたいです。

※具体的なエピソードがあるとよいですね

Bさんの場合

よくできました

わが家の教育方針は「感謝の心を忘れない」ということです。人間は支え合わなければ生きられないことを、仕事を通して学びました。その大切さを子どもに伝えるには、教育環境が重要であると考えます。そこで、心の教育に力を入れている学校を探し、貴校の理念である「人を思いやる心の育成」に魅力を感じ、入学を志望いたしました。

※家庭の方針と学校の理念が合致しています

Cさんの場合

NO!

周囲からかわいがられる愛嬌のある子になってほしいです。そうすれば、人から大切にされて幸せになれると思うからです。

※他者に配慮しない溺愛型の保護者とみなされます

ポイント

家庭の方針と志望校で学ぶ必要性を述べる

　家庭の教育方針は、保護者の「価値観と人生哲学」を問われている、ともいえる重要な質問です。子育てで実践している家庭の教育方針をしっかりと伝えられるように、両親の考えをまとめてください。子育ての根幹としてきたこと、貫きたい考えは何かなど、改めて両親の意思を統一する必要があります。

　ポイントは、家庭の教育方針を実践するために、この小学校で学ぶことが不可欠である、という考えを具体的な言葉を用いて述べることです。筋道を立てて説明しましょう。

　面接官からすると、抽象的な表現や教育の理想論で答えられてもインパクトがありません。せっかくの機会を逃すことがないように、家庭の教育方針を明確に語りましょう。

Q 夫婦・親子関係、祖父母との交流は？

意図 家庭内での親子のかかわり方や祖父母も含めた家族の姿を知るための質問です。

 **よくある質問**

ご家庭での父親、母親の役割についてどのように考えていますか。

おじいさま、おばあさまとはどのようなかかわり方をしていますか。

家族構成を教えてください。

子育てで困ったとき、周りに相談できる方はいますか。

きょうだいげんかはしますか。そのときにご両親はどうされますか。

 GOOD! ----- NO!!

GOOD 側

男の子だけの3人きょうだいなので、けんかになることもよくあります。なるべく、本人たちで解決するまで待ちますが、父親が仲裁に入り、言い分を聞くこともあります。そのときは、公平な態度を第一にしています。個性が違う3人ですが、それぞれのよさを尊重して、きょうだい仲よく力を合わせてほしいと、言い聞かせています。

私と妻、長男と次男の4人家族です。同じ敷地内に、私の両親がおり、週末には6人で出かけることもよくあります。夫婦だけでは気づかない子育ての視点も勉強になり、子どもたちにもよい影響を与えているようです。

NO 側

祖父母は遠方に住んでおり、サポートはお願いできません。ほかに頼れる親族や知人もいないので、できるだけ自分たち夫婦だけで子育てするように頑張っています。

長女、長男、同居する祖母の5人家族です。大人3人で、子ども2人につきっきりの育児ですが、手をかけてあげることが親にできる最大の愛情だと思っています。

よい理由

きょうだいのかかわり合い、見守る両親の雰囲気、祖父母との関係性などが伝わります。

悪い理由

地域の子育て支援なども活用しましょう。過保護、過干渉は敬遠される傾向にあります。

ポイント 家庭の雰囲気や子育ての支援態勢を伝える

きょうだいがいるのであれば、やんちゃ盛りで家庭内のけんかも日常的でしょう。面接ではけんかが起きたときにどのように対処しているかを問われることがあります。わが家なりの工夫やしつけを盛り込み、印象深く伝えたいものです。子育てについて相談できる人がいるか、もよくある質問です。家庭の孤立や保護者が子育てのストレスを抱えていないかなどの懸念も含まれます。心の支えとなる人がいることは大切です。祖父母が遠方在住でも相談はできますし、自治体の子育て支援サービスなどを利用する方法もあります。悩みを抱え込まないようにしましょう。

Q 家庭で大切にしている しつけとは？

よくある質問

- お子さんのしつけで大切にしていることは何ですか。
- どのようなお手伝いをさせていますか。
- どのようなときにお子さんをほめますか。また、しかりますか。
- 普段、どのようなことに気をつけてお子さんと接していますか。
- お子さんが嫌いなものを食べられるようになるよう、工夫をしていますか。

答え方事例

Aさんの場合

もう一歩

　祖父母と同居していることから家事も多く、息子には習慣的に新聞を取りに行かせたり、食事の配膳をさせたりしています。お手伝い後はほめて、達成感を持たせるようにしています。

※家事が多いから手伝いをさせている印象を与えます。

Bさんの場合

よくできました

　物を大切にするよう伝えています。物を手荒に扱ったり、気軽に使い捨てたりしたときはしかり、理由を説明します。物の役割を認識し、どんなものにも存在意義があることを知ってほしいからです。そこから、周囲を思いやる優しい気持ちが育ってほしいと考えています。

※親の信念と子どもの将来への展望が伝わります。

Cさんの場合

NO!

　育児書を参考に、ほめる教育を実践してまいりましたので、子どもらしくのびのび育っています。その中で、自然としつけも身についているようです。

※しつけで大切な親の意識についてふれていません。

ポイント

保護者の考えとともにしつけの実践を述べる

　集団生活で理想的な教育を進めるには、年齢相応の常識やマナー、生活習慣が身についていることが大切です。そのため小学校入試の考査では、駅や道路など公共の場での常識や、はしの扱い方、服のたたみ方など生活習慣の課題が出されたり、面接で食生活について質問されたりすることがあります。

　しつけについての質問には、両親の考えとどのようなことを実践し、それによって子どもにどのような成長が見られるかを話しましょう。「公園で遊具の順番を小さい子に譲った」「積極的に手伝いをしている」「好き嫌いなくよく食べる」など、できるだけ具体的に伝えるとよいでしょう。実践例に加え、子どもの性格や両親との関係性も表現できるとなおよいですね。

Q 幼稚園（保育園）での様子は？

意図 幼稚園（保育園）での子どもの様子や評価はどうか、社会性と発達段階の確認です。

よくある質問

幼稚園（保育園）で何かトラブルはありましたか。

幼稚園（保育園）に行き、お子さんが成長したと感じる部分はありますか。

幼稚園（保育園）の先生には、どのようなお子さんだと言われていますか。

幼稚園（保育園）の行事には行きましたか。お子さんはどのような様子でしたか。

幼稚園（保育園）に行きたくないと言ったことはありますか。そのとき、どうされましたか。

 **GOOD!** **NO!!**

担任の先生から、「みんなのお手本になってくれることが多くて信頼されています」と言われて驚きました。積極的に発言し、けんかの仲裁をしたり、みんなの意見を取りまとめたりすることもあるようです。家では自己主張の強い部分もありますが、幼稚園（保育園）の皆さんと交流することで、娘が成長できていることに感謝しています。

幼稚園（保育園）では丁寧に保育をしていただき、「アキ先生に会いたい」と毎日楽しみに通園しています。お友達のタツ君やトモちゃんとも仲よしで安心しています。

幼稚園（保育園）の運動会は家族で見に行きました。頑張って練習したダンスや競技を見たり、参加したりして、娘の成長を感じました。真剣に走る様子が忘れられません。これからも目標に向かって頑張る姿を応援したいです。

毎日休まず元気に幼稚園（保育園）へ通っています。幼稚園（保育園）でも正義感を発揮し、誰に対しても自分が正しいと思う意見をハッキリと最後まで主張できます。

よい理由

社会性の発達度合いや集団生活での一面、家庭での様子がよくわかります。

悪い理由

個人名は不用意に出さないようにしましょう。親の偏った見方も問題視されます。

ポイント 社会性と協調性を客観的に評価できているか

　家族が知る子どもの性格と、集団の中での子どもの性格や評価はたいてい異なります。面接でこのような質問を受けたら、周囲の評価を盛り込み、幼稚園（保育園）での様子や、社会性の発達度合いなどを伝えましょう。そのためには、園長先生、担任の先生、ほかの保護者の方々から聞いた話が材料となりますので、日ごろから交流を深めておくことが大切です。また、周囲の評価を両親がどのように受け止めているかも確認されます。社会性と協調性のある子どもであることを客観的に伝えることができれば、学校側によい印象を与えられるでしょう。

Q. 父親への質問

意図 家庭での父親の役割や、子どもとどのようにかかわっているかを知るための質問です。

よくある質問

● 父親の役割についてどのようにお考えですか。

● 休日はお子さんとどのように過ごしますか。

● どのような家庭を目指していますか。そのために努力されていることはありますか。

● お子さんにとって、どのような父親でありたいと思いますか。

よい答え方事例

父親とは、「家族から頼られる存在であるべき」と思っています。妻よりは子どもと接する時間が少ないかもしれませんが、なるべく時間をつくるよう努力しています。休日には夫婦で話し合い、相談するようにしてきました。家族の変化を敏感に感じ取り、常に子どもと向き合える父親でありたいと思います。

※理想の父親像を持ち、努力している様子が伝わります。

悪い答え方事例

仕事がとにかく忙しいので、妻を全面的に信頼して家庭のことは任せています。仕事で生活を安定させることが私の役割であることを息子も理解しているので、「遊ぼう」とわがままを言うことはありません。

※人柄、家庭の雰囲気に、よい印象を持たれません。

ポイント　教育に欠かせない父親の役割

　学校側は、家庭での父親の役割について質問をし、両親が協力して家庭教育を行っているかどうかを確認します。父親の育児参加、教育に対する信念が感じられることが大切です。キャッチボールやアウトドア活動など実践していることや、子どもとのふれ合いの中で大切にしていることなど、普段の親子関係が伝わるように具体的に述べましょう。たとえ忙しくて子どもとふれ合う時間が持てなくても、子どもの成長に関心を持ち、理解しようと努める姿勢は必要です。子どもの日々の成長を母親と共有し、面接でも自信を持って話せるようにしておきましょう。

Q 母親への質問

意図 母親の子どもへの接し方や、父親との意見が合っているかを確認するための質問です。

よくある質問

- 子育てにおいて、母親の役割とはどのようなものだとお考えですか。
- 今までの子育てで大変だったこと、うれしかったことはどのようなことですか。
- 日常生活では、特にどのようなことに気をつけていますか。
- ご主人と子育ての意見が合わないときはどうしますか。
- ご主人は子育てにどうかかわっていますか。

答え方事例

Aさんの場合

母親としての信念を言葉にするのは難しいです。ただ夢中で、子どもと向き合ってきた毎日です。子育てに悩んだときは、主人や祖父母を頼り、相談しながら子どもとの関係を大切にしています。

※信念を言葉にできるよう、準備しておきましょう。

Bさんの場合

息子が基礎体力をつけられるように配慮することが、母親の役割だと思っています。健康な体と心を目指して、スポーツでの体力づくりや、感受性を高める読み聞かせなどに取り組んできました。子育ては悩みがつきものですが、親子で成長できる貴重な機会ととらえ、大切にしたいと思います。

※育児への前向きな姿勢と取り組みの内容が明確です。

Cさんの場合

子育てに完璧はないと思っています。一人っ子ですし、子育てに自信を持つことは難しく、手探りの日々ですね。多くの人の本音ではないでしょうか。

※母親としての思いや信念がわかりません。

ポイント

それまでの育児経験を堂々と伝えよう

学校側は、母親の考え方や子どもとのかかわり方を重要視しています。母親の子どもへの影響力は大きいからです。

子育てについて一人で悩んでいないか、厳し過ぎたり甘やかし過ぎたりしていないか、母親の考え方と学校側の教育方針との間にずれがないか、などを学校側は念頭に置いて面接を行っています。

母親として育児の中で大切にしてきたこと、その実践内容など、それまでの育児経験を堂々と伝えることが大事です。さらに、理想とする母親像や目標を挙げながら、努力している思いも伝えると、面接官の心に訴えかけるものがあります。子育てへの思いを言葉にする練習を積んで、面接に臨みましょう。

Q 学校生活に適応できる健康状態か？

よくある質問

お子さんの健康状態はいかがですか。

今までに大きな病気をしたことがありますか。

苦手な食べ物、好きな食べ物はありますか。

アレルギーはありますか。

お子さんの健康について注意していることをお話しください。

🐻 GOOD! ---------- 🐻 NO!!

わが家では「体づくりの基本は食べ物」という考えのもと、食育に力を入れています。子どもにできることは自分でやろうと話して、一緒に料理を作ることもあります。旬の食材を選んで栄養バランスを考えたメニューにしたり、水泳教室に通ったりしているためか、あまり風邪も引きません。

娘は野菜の食感が苦手なので、調理のときに工夫するようにしています。また、育てる楽しみが食べる楽しみにつながるよう、家庭菜園も始めたところ、少しずつ野菜も食べられるようになりました。そのおかげで、健康な体づくりができているように思います。

健康には配慮していますが、子どもは甘いものや好きなものばかりを選んで食べてしまいます。それでも、今はたくさん食べて体をつくる時期ですから、自由に食べさせています。

母親が仕事を終えてから夕食の支度をするので、食事の時間が20時以降になることがよくあります。子どもには遅い時間ですが、手作りの料理を食べさせたいので、仕方がないと思っています。

よい理由
栄養バランスのよい食事と適度な運動で、健康管理を心掛けている様子が伝わります。

悪い理由
偏った食事や遅い時間の食事は、子どもの健康に悪影響をおよぼします。

ポイント　健康状態の把握と集団生活への適応力

「健康な子どもを集めたい」という学校側の思いはありますが、健康優良児のみが優先される、ということではありません。集団生活に適応できる一般的な体力があるかどうかがポイントです。持病やけがについて細かく説明するよりも、学校生活に関連する留意事項を端的に述べましょう。大きな病気をした経験やアレルギーがある場合は、その点もつけ加えます。また、食べられないもの、苦手なものがある場合は、改善策など普段の家庭内での取り組みを強調しましょう。それにより、家庭で食育を実践していることを伝えられます。

Q 保護者の仕事で学校生活に影響は？

よくある質問

- お父さま、お母さまのお仕事についてお話しください。
- お母さまがお仕事をされていますが、お子さんが急病のときなどは対応できますか。
- お仕事の状況や、仕事で大切にしていることをお聞かせください。
- お仕事で転勤の予定はありますか。
- 普段、お子さんの面倒は主にどなたが見ていらっしゃいますか。

答え方事例

Aさんの場合 う〜ん

　私は専業主婦で育児に専念しています。家事をこなしつつ地域活動もしています。安心して帰宅できる、明るい家庭づくりが私の役割です。

＊具体的な内容に欠けています。

Bさんの場合 よくできました

　私は○○株式会社で販売部門の責任者をしております。多くの人々とかかわる仕事ですから、常に勉強が欠かせません。学ぶことの大切さや楽しさを、子どもに伝えられる親でありたいと考えています。忙しい毎日ですが子どもの成長を見守りたいので、学校行事には積極的に参加させていただきます。

＊仕事内容と子育てへの姿勢の両方が伝わります。

Cさんの場合 NO!

　公的機関で10年のキャリアを生かして働いています。働く母親の姿が子どもによい影響を与えると思うためです。子どもの面倒は、実家の母がサポートしてくれるので大丈夫です。

＊仕事重視で子どもを見ていない印象を与えます。

ポイント

仕事に関する質問では詳細な説明は控える

　面接では保護者の仕事について質問されることがありますが、職種や業務内容が重視されているわけではありません。学校側は、経済的に安定している家庭であるかということや、保護者の職業観などが知りたいのです。業務についての説明をし過ぎないよう注意しましょう。強調するべきことは、仕事が忙しくてもわが子の教育を優先するという熱意です。

　母親が仕事をしている場合は、まず自分が子どもを見るという姿勢を示すことが大切です。会社の時短制度を利用しているなど、育児と仕事を両立できる状況であればそれを伝えます。そのうえで、祖父母など周囲の助けを借りることもできることを話しましょう。

よくある質問

> お子さんが学校でいじめを受けていると聞いたら、どのような対応をしますか。

> 子ども同士のけんかから保護者同士のトラブルに発展したらどうしますか。

> お子さんが学校でお友達とけんかをしたら、どのように対処しますか。

> お友達と遊んでいてけがをさせたり、させられたりしたことはありますか。そのときはどうされましたか。

--- GOOD! --- | --- NO!! ---

GOOD!

子どもがお友達とけんかをして帰ってきたことがあります。そのときは、話をよく聞き、気持ちをくみ取るよう努めました。幼稚園での出来事だったので、担任の先生に連絡して事情を聞き、その後そのお友達とも仲直りできました。

けんかをして帰ってきたときは、子どもが落ち着いてから、原因や経過を聞きます。その際に心掛けているのは、子どもの気持ちをくみ取ることです。日ごろから「どんなときも、家族が味方よ」と伝えるなど、本心を話せるような雰囲気づくりに努めています。

NO!!

子どもが学校でいじめられて帰ってきたら、即座に担任の先生に報告して、対処してもらいます。

息子はお友達と仲よくしています。優しい性格なので、トラブルが起きない雰囲気をつくっているのだと思います。

子どもがけんかをして保護者同士もトラブルになったら、そのご家庭とは相性が合わないのでしょう。その子とは遊ばないよう子どもに言います。

よい理由

子どもに寄り添い、冷静な視点も持ちながら子育てにあたっていることがうかがえます。

悪い理由

自己中心的で謙虚さのない回答は、トラブルメーカーを予感させます。

ポイント トラブルへの対応力と親のかかわり方が決め手

　学校生活には子ども同士のトラブルがつきものです。幼い子どもがけんかをするのは自然なことですが、場合によっては学校や保護者の介入が必要になります。子どもがけんかしたらどうするかという質問への返答としては、何よりまず親が冷静に受け止めてきちんと子どもの話を聞く、必要であれば先生に連絡し対応策を相談する、などがよいでしょう。保護者同士のトラブルは、直接的なかかわりだけでなくＳＮＳ関連のものも増えています。面接では、保護者同士のつき合い、ＳＮＳの利用とも節度のある対応ができることをアピールしましょう。

Q 通学時間と 学校への協力態勢は？

よくある質問

- 通学経路と所要時間を教えてください。
- 通学に時間がかかることについて、心配はありませんか。
- 下のお子さんがいらっしゃいますが、早退時などのお迎えはできますか。
- 本校は学校行事がたくさんありますが、積極的にご参加いただけますか。
- 学校への協力について、どのようにお考えですか。

答え方事例

Aさんの場合

　自宅から徒歩で○○駅まで行き、△△線に乗り学校のある××駅で降ります。所要時間は約30分です。交通ルールを教えていますので、気をつけようという意識は持っているはずです。

※一人で通学することへの安心感が足りません。

Bさんの場合

　家から学校までは約50分です。バスで○○駅まで出て△△線に乗り、××駅まで行きます。低学年のうちは朝は私が××駅まで見送り、帰りは最寄り駅まで妻が迎えに行く計画です。近所に住む祖母もサポートしてくれます。学校の奉仕活動やクラス委員の仕事にも積極的に取り組みたいと思います。

※通学のサポート態勢がしっかり整っている印象です。

Cさんの場合

　仕事が忙しいので、学校行事への参加は難しいかもしれません。それと、寄付はなかなか厳しいのが現実でして……。

※学校に協力的な姿勢を示しましょう。

ポイント

通学方法や学校への協力態勢を説明する

　児童の登下校中の安全確保は、学校の指導責任にかかわる重要な課題です。保護者も安全対策を講じることが大切です。通学経路の乗り換え回数、混雑時や事故発生時の対応など、実際の通学時間帯に下見をして準備しましょう。学校が通学時間や区域の制限を設けていないかのチェックも忘れずに。

　入学後は保護者の送迎が必要なことも多く、また、学校行事への参加も求められます。保護者が積極的に参加する旨とともに、祖父母などの支援態勢が整っていることをアピールできれば万全です。

　なお、私立の学校では寄付について聞かれることもあります。できる限り協力したい、などの答えがよいでしょう。

Q どのような受験準備をしたのか？

意図 小学校受験に向けた家庭の心構えと、これまでの取り組みを確認します。

よくある質問

習い事はしていますか。何をいつごろからですか。

通っている幼児教室名を教えてください。

小学校受験にあたり、どのような準備をしましたか。

受験のことを、どなたかに相談されましたか。

GOOD! ────────── **NO!!**

小学校入学に向けて準備してきたことは、自ら考え行動する力を伸ばすことです。通学や学校生活が始まると自分で判断する機会が増えるため、電車の利用や買い物、博物館見学など体験の幅を広げるようにしてきました。また、3歳から習い始めたピアノに熱心に取り組んでおり、その結果忍耐力がつき、創造性が豊かになったと感じます。

特別な準備はしておりません。私自身、大学で幼児教育については学んできましたので、暮らしの中でも実践しております。5歳児の平均的な学力、体力はクリアできるように、十分に対応してきたつもりです。

感性の豊かな時期に、たくさんの文化や同年代の子にふれ合ってほしいと思い、ガールスカウトに参加させています。夏のキャンプの思い出を何度も語る娘に、成長を感じました。

運動が苦手なので体操教室に週3回、そのほか造形教室と幼児教室に週2回ずつ通いました。自宅でのペーパーテスト対策も楽しく行いました。

よい理由
単なる受験対策ではなく、子どものよりよい成長を考えていることがうかがえます。

悪い理由
家庭学習のみの場合は具体例を、習い事は力を入れているものを中心に話しましょう。

ポイント　お受験訓練された子は嫌われる!?

　ほとんどの家庭が何らかの対策をして受験に備えていることを、学校側も理解しています。そのうえで、過度な受験トレーニングを積んできた子どもを敬遠する面もあるようです。マニュアル化されている子どもだと誤解されないことがポイントです。受験準備が、無理なく家庭主体で行われてきたことを伝えましょう。その準備は子どもの個性を伸ばす内容であり、家庭の教育方針に沿ったものであることを具体的に述べます。子どもの得意分野を伸ばし、本人が自発的に取り組めるような学びを実践してきた実例を強調できるとよいでしょう。

Q 説明会などで感じた学校の印象は？

意図 保護者の入学への熱意と、学校をどのようにして知ろうとしたのかを見ます。

よくある質問

- 本校の説明会や公開行事には参加されましたか。感想をお聞かせください。
- 本校にいらした印象はいかがでしたか。
- お子さんには本校でどのように育ってほしいと思いますか。
- 本校に対して、お気づきの点や期待することはありますか。
- 本校の在校生をご覧になって、どのように思われましたか。

答え方事例

Aさんの場合　う〜ん

　説明会当日は外せない会議があり、残念ながら参加できませんでした。しかし、出席した妻から詳しく聞きましたので、貴校の教育の特色やお子さんたちの様子が理解できたと思います。やはり、貴校に通わせたいと夫婦で意見が一致しました。

※通わせたい理由を自分の言葉で伝えましょう。

Bさんの場合　よくできました

　校長先生の「教育とは子どもと向き合い、能力を発見し育てること」というお言葉が心に残りました。私どもの教育への願いと一緒だったからです。また、説明会後の校舎見学では明るい教室や充実した設備を拝見し、最適な教育環境だと感じました。ぜひ、わが子を学ばせたいと願っています。

※説明会に参加し、思いが強くなったことが伝わります。

Cさんの場合　NO!

　特定の宗教がないほうがよいと考えていましたが、宗教教育は悪くないなと思いました。

※学校によい印象を抱いているようには受け取れません。

ポイント

説明会ではポイントを押さえてメモ取りを

　「校長先生のお話に感銘を受けた」「児童の元気な様子を見て入学させたいと思った」など、返答が似た傾向になりがちです。

　独自性のある感想を述べるためには、説明会で確認するべきポイントを事前に考えておくことが大切です。教育の特色、行事、施設などチェック項目を挙げてリストを作り、当日はそれに沿ってメモを取ります。そしてメモを基に両親の意見をまとめておけば、面接でスムーズに返答できるでしょう。

　説明会のほかに公開授業や運動会などもあるので、有効に活用してください。両親のどちらかが参加できないときは、学校の印象や話の内容などを共有し、それに対する考えを話し合っておきましょう。

Q 社会問題に対する考え方は？

意図　社会問題への関心の高さと、社会人としての親の常識を問う質問です。

よくある質問

お子さんと社会問題について話したことはありますか。

スマートフォンを子どもが扱うことについて、どのようにお考えですか。

災害発生時や緊急事態が起きたときの対処法をお子さんに教えていますか。

ＳＮＳやコミュニケーションアプリについて、どのようにお考えですか。

最近の出来事で、印象に残っている明るい話題は何ですか。

GOOD!

子育てをする中で、環境が重要であると強く感じています。子どもを取り巻く地域や社会が安全であることが、心の安定につながると実感するからです。身近な環境を少しでもよくするために、お祭りや防犯活動、敬老会などに親子で参加して、地域との絆も深めています。

まだスマートフォンを持たせる年齢ではないと考えておりますし、必要性は感じていませんが、いろいろな方の意見を参考にしたいと思います。学校で導入を検討されることなどがあれば、学校のお考えに沿うつもりでおります。

事故発生現場

NO!!

ＳＮＳはとても便利で、子どもたちの将来にもあって当然のものです。使いこなせるように、慣れさせておくことが大切だと思います。

これからの日本は、大変な世の中になっていくと思います。不安定な経済状況でも、生き抜く力をつけられるように、幼いころから鍛えなければなりません。将来安定した暮らしができるように、今から準備できることは教育です。それが親として与えられる最大限の愛情です。

よい理由

社会に対する関心と自分なりの意見があり、行動していることが伝わります。

悪い理由

個人的な意見に終始して、子どもに事故や事件の回避策を講じているかがわかりません。

ポイント　社会人としての常識的な視点があるか

　子どもが巻き込まれる事件が増える昨今、面接でも時事的な話題が出ることがありますが、事件などの知識や単なる感想を求めているわけではありません。社会への関心度と、親として世の中の出来事を子どもにどのように伝え、どう教育しているのかがチェックされています。他者への関心がない、感情的に持論を展開するなどというのはＮＧです。また、受験準備に気を取られ、社会情勢を意識する余裕がなくなると、質問が唐突に感じられて困るケースも生じます。ニュース番組や新聞は毎日必ずチェックし、自分なりの意見や考えをまとめておく習慣をつけましょう。

子どもへの質問 ❶

Q 本人のことについて

よくある質問

どうして
そのお名前になったのか、
知っていますか。

今、何歳ですか。

お名前を
教えてください。

お誕生日（生年月日）はいつですか。

お家はどこですか。
住所と電話番号はわかりますか。

今日は、何月何日か
わかりますか。

朝ごはんは
何を食べましたか。

あなたが得意なことは
何ですか。

大きくなったら
何になりたいですか。

ここに注意 !

- 面接中は姿勢を正し、面接官の目を見てしっかり話しましょう。
- 答えの内容よりも、答えようとする姿勢を示すことが大切です。
- 幼児性の残る言葉や態度は厳禁。年齢は、「いつつ」「むっつ」ではなく、「5歳です」「6歳です」と答えます。
- 両親が話している間は静かに待ちましょう。

GOOD!　NO!!

ポイント　答えの内容より面接に臨む姿勢が大切

　子どもへの質問は、発育や成長の程度のチェックであると考えましょう。答えの内容よりも、話を聞く姿勢、面接中の集中力、声の出し方、表情などが観察されています。たとえば、家の住所を聞かれたら「○○駅の近くの××という所です。住所はまだ覚えていません」というように、スムーズに返答できれば十分です。沈黙やふざけた態度、挙動不審になるのはマイナスです。初めて会った大人、それも面接という特殊な状況で言葉がわからない、聞き取れない場合も出てきます。事前に準備できることは、普段から多くの大人とふれ合う機会を増やすことです。

Q 家族のことについて

意図 子どもと家族のかかわり方、親の接し方、家庭の雰囲気をチェックします。

ごきょうだいで
ケンカすることありますか？

ハイ ときどきでも

とてもやさしい
お姉ちゃんで
おままごとのとき
お母さん役を
妹にゆずったり

ころんだ妹を
たすけたり
まるで
お母さんみたいに

え？でも
書類ではあなたが…
ハイ 私が
そのお姉ちゃんです

よくある質問

● お父さんとお母さんの名前を教えてください。

● 家族の人数は何人ですか。

● お父さんやお母さんは、どんなときにほめてくれますか。

● お父さんやお母さんに、しかられることはありますか。

● お父さんやお母さんのどこが好きですか。

● お父さんやお母さんと何をして遊びますか。

● 最近、家族でどこかへ出かけましたか。

● 最近家族としたことで、楽しかったことを教えてください。

● きょうだいげんかをしますか。そのとき、お母さんは何と言いますか。

● おじいさんやおばあさんとはどんなときに、何をして遊びますか。

ここに注意 ！

● 両親のことは「パパ、ママ」ではなく、「お父さん、お母さん」と呼びましょう。ほかの家族の呼び方にも日ごろの習慣が表れます。

● 子どもらしい自由な表現は問題ありません。それより黙ってしまったり、親がその場で否定したりするほうがマイナスです。

ポイント　子どもの答えから家庭の雰囲気が伝わる

　子どもに家族について質問することで、普段の家庭の様子や親子のコミュニケーションがどれくらい取れているか、などをうかがうことができます。子どもが面接でとまどわないように、日ごろから「お父さんやお母さんと何をして遊ぶのが好き？」「お母さんにどんなときにほめられる？」などと問いかけて、質問に慣れさせておくとよいでしょう。子どもが答えているときの親の様子も見られています。子どもが思いがけない発言をしてもしかったり、困った表情をしたりしないよう注意しましょう。子どもの代わりに答えることや、口を出し過ぎることも控えてください。

子どもへの質問 ③

Q 幼稚園（保育園）について

意図 子どもが集団の中でどのように過ごし、協調性や社会性が育っているかを確認します。

よくある質問

幼稚園（保育園）名、クラス名、先生の名前を教えてください。

幼稚園（保育園）で楽しいこと、嫌なことを、それぞれ話してください。

幼稚園（保育園）で仲よしのお友達は何人いますか。名前も教えてください。

幼稚園（保育園）でお友達とけんかをすることがありますか。

雨の日は、幼稚園（保育園）で何をして遊びますか。

運動会では、どんなことをしましたか。

幼稚園（保育園）ではどのような遊びをしますか。その中で何が好きですか。

先生にしかられたことはありますか。それはどんなときですか。

昨日、幼稚園（保育園）でどんなことをしましたか。

先生にほめられたことはありますか。それはどんなときですか。

ここに注意

- 質問の答えを受けて質問が発展していくことがよくあります。会話をするように、素直に思ったことを話せるようにしておきましょう。

- すべて「わかりません」と言ってしまうと、判断力がなく自発性に欠ける子どもと思われることもあります。

- 幼稚園（保育園）での出来事を、普段から家庭で話題にしましょう。

ポイント　自分の考えや行動を伝えられるように

　5、6歳になると、他者を思いやる優しさや共感力が出てきて、周囲に配慮できるようになります。幼稚園や保育園に通う中で、そのような面が成長しているかを確認する質問です。家庭でも、「今日は何があった？」「どんな気持ちだった？」と問いかけ、自分の考えや行動を言葉にできるようにしておきましょう。それにより、どのようなお友達や先生がいるのか親も把握することができます。人見知りをする子どもなら、人前で話す機会を意識して増やすとよいでしょう。自ら考え行動でき、お友達と仲よくできることを、自分なりの言葉で伝えたいものです。

Q 生活常識について

 意図 子どもの生活習慣が鍵。自立心や向上心などがどれくらい育っているかを見ます。

よくある質問

お家ではどんなお手伝いをしますか。
お手伝いをすると、
お母さんは何と言いますか。

お家の中で、
お約束はありますか。
それはどんなことですか。

お家では何をして遊ぶのが好きですか。
外で遊ぶのとお家の中で遊ぶのでは、
どちらが好きですか。

お母さんの作るお料理で
何が一番好きですか。
夜ごはんは誰と食べますか。

習い事をしていますか。
それは楽しいですか。

今、一番
欲しいものは何ですか。

知らない人に声をかけられたら
どうしますか。

外に出かけたときや、
電車やバスの中で気をつけて
いることはありますか。

最近、どんな絵本
を読みましたか。

ここに注意 !

● 子どもが答えられなくても、保護者は横から口を挟んだり、答えを促したりしてはいけません。

● 欲しいものには子どもの素直な願望が表れます。突拍子のないものではないか、ときどき質問してみましょう。欲しいものという質問に電子ゲーム機と答えるのは、基本的にNGです。親の考えを聞かれた場合は、「まだ不必要な年齢で、今後使う場合でも、ルールを決めてから使用させます」という返答がよいでしょう。

ポイント 基本的な生活習慣や生活常識が身についているか

　毎日の行動や考えがそのまま出てしまう質問なので、基本的な生活習慣が身につくよう意識しながら生活することが肝心です。習い事や旅行など、子どもが興味のあることを体験させるのは効果的ですし、簡単なお使いなら、時には一人でさせてみるのもよい経験となります。強制された習い事や生活習慣への反発は、言葉や表情に表れるものです。日常生活の中で、自分のことは自分でする、意思を伝える、防犯・安全を意識する、ということが自然と身につくような機会を増やしましょう。笑顔と自信にあふれ、意欲的に行動できる生活こそが何よりの受験対策です。

子どもへの質問 ⑤

Q 試験当日や学校のことについて

意図 子どもが楽しく考査を受けられたかどうか、学校のことを理解しているかを問います。

よくある質問

今日は、どうして
この小学校へ来たのか
知っていますか。

ここへ来る途中、
お父さんやお母さんと
どんな話をしましたか。

今日はここまで、誰と、何に乗って
来ましたか。電車を乗り換えた
駅の名前は何ですか。

今日の試験は楽しかったですか。
難しかったですか。

小学校へ来るときに乗った電車から、
どんな景色が見えましたか。

この小学校はお家から
遠いですが、通えますか。

この小学校の名前を知っていますか。
今までに来たことはありますか。

小学生になったら
何をしたいですか。

ここに注意 !

● 学校名や来たことがあるかを聞かれることがあるので、子どもに確認しておきましょう。

● 考査については、思ったことを率直に伝えられれば十分です。

● 試験のストレスから、ネガティブな言葉が出ないように配慮しましょう。体調管理に気をつけ、控え室で疲れたり飽きたりしないための工夫も考えておきましょう。

 子どもが緊張しないよう配慮を忘れずに

　面接では考査の感想や入学後のことなどを質問されることがあります。子どもなりに自分の言葉で話せればよいのですが、緊張していたり、大人の指示を待ったりするような子は、答えに詰まる可能性があります。当日学校へ向かうときは、「先生とお話しするのが楽しみだね」「小学校に入ったら何がやりたい？」など、子どもが緊張せず試験を受けられるような会話を心掛けましょう。また、普段とは違う服が気になり調子が出ない、空腹または眠くて元気がない、会場が寒くて体調を崩した、などということがないよう、対策を立てておくとよいでしょう。

Q 子どもと親の対話について

 意図　親子の会話から、普段の家庭の様子と親子の関係をチェックします。

では ご家族で お父さんの 次の休日に 何をするか 話し合ってください

次の休みはね… お父さんとサッカーがいい？ 公園で

お母さんの作ったおいしいお弁当持って… ふたりとももう忘れちゃったの？

次のお休みも面接だよね

よくある質問

● お父さんとお母さんが好きな食べ物は何か知っていますか。わからなかったら、今、お父さんとお母さんに聞いてみてください。

● 先ほど描いた絵について、何を描いたのか、お母さんにお話ししてください。

● あなたの宝物は何ですか。お母さんに教えてあげてください。

● お父さんに、この書類を渡してください。

● お母さんが小さいころになりたかったものを知っていますか。

● 先生が読んだ絵本の内容を、お父さんとお母さんにわかるように話してください。

● これからお父さんとお母さんと、どこかへ出かけます。どこに行きますか。何を持って行きますか。親子で相談してみてください。

ここに注意 !

● 会話中の所作もチェックされます。相手の目を見て話す、物を受け渡しするときは丁寧に、など所作にも注意しましょう。

● 親子での会話を子どもが恥ずかしがらないように、方策を考えておきましょう。

ポイント　子どものよい部分を両親が引き出す

　面接中に、「この場で○○についてお子さんと話し合ってください」など、あえて人前で会話をさせるのは、普段の親子関係を確認したいためです。面接官とのやりとりだけではわからない、家庭の様子を感じ取れるように話すことが大切です。会話をするときに、両親の声や言葉遣いがいつもと違うと、子どもは不自然さを敏感に感じてしまい、力を発揮できません。重要なことは、本来の子どもらしい笑顔や雰囲気が出るように努め、子どもの個性を面接で伝えることです。それらを引き出せるように、両親も自然体で接しましょう。

願書・面接成功へのアドバイス

わが子を私立や国立の小学校へ入学させよう
とするなら、事前にいろいろな準備が必要で
す。また、わからないこともたくさんあるで
しょう。受験で合格を勝ち取るための絶対的
な法則はありませんが、成功への秘訣がある
のも確かです。伸芽会が誇る、小学校受験の
指導において経験豊富な5人の賢者が、その
成功への道筋をお教えします。

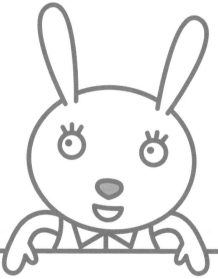

伸芽会

1956年創立。名門小学校・幼稚園受験を目指す幼児教室の草分け的存在として、
子どもの創造性を伸ばす独自の教育を実践。創立以来、名門私立・国立小学校へ
の高い合格率を誇り、わが子を優秀な人間に育てたいと思う保護者から絶大な信
頼を寄せられている。現在首都圏に21教室、関西にも3教室を展開し、卒業生は
17万人を超える。豊富な情報量を基に、私立・国立小学校、幼稚園受験の情報誌
をはじめ、『有名小学校入試問題集』『学校別過去入試問題集』『有名小入試 項目別
問題集「ステップナビ」』など、毎年多数の出版物を刊行している。

伸芽会 5 Teachers

飯田道郎先生　Iida Michio
佐藤眞理先生　Sato Mari
黒田善輝先生　Kuroda Yoshiteru
牛窪基久先生　Ushikubo Motohisa
桑名高志先生　Kuwana Takashi

小学校受験における父親の役割

小学校受験に際して、父親の役割は母親に比べると少しあいまいです。しかし、子どもの感性を磨き自立心を育てるのは、父親だからこそできる仕事なのです。受験に向けて、父親として積極的に取り組めることは何かを具体的にお話しします。

プロフィール

飯田道郎 先生
Iida Michio

伸芽会教育研究所所長。子どもの個性に合わせた的確な指導とアドバイスで、保護者から厚い信頼を寄せられています。慶應義塾幼稚舎、早稲田実業、立教など名門私立小学校への合格実績多数。

面接で父親は何を見られているのか？

　小学校受験においては、母親とともに父親の学校に対する熱意も問われます。ご両親そろっての面接を重視する学校といえば小学校分類表（P.126）にある「宗教系・別学」のグループです。またその中でも男子校より女子校のほうが、より厳しくチェックされます。では学校側は、面接で父親のどのようなところを見ているのでしょうか。

　まず女子校では、父親が母娘をよく理解しているかどうかを見ています。たとえば面接で「奥さまとお子さんのかかわりを見てどう思いますか」「奥さまの子育てのどのようなところがよいと思いますか」などと質問されます。女子教育を行う学校として、父親に女性を理解し見守る姿勢を求めているといえます。

　一方、男子校では、父親が息子に精神的な強さと豊かさを与えられる存在であるかどうかを見ています。5、6歳の男児はまだ親離れできず、本当は自分でできることでも母親にやってもらったり、親から離れると泣いてしまったりします。学校側はそのような年齢相応の未熟さには寛大ですが、入学後は厳しく鍛えて「強い子」に育てたいと思っています。そのため、面接で父親に「息子さんを鍛えてよいか」と問いかけることもあります。

　共学校では、面接は父親不在でもよしとするところもあるなど、別学のような厳しさはありませんが、ご両親そろって入学への意欲を見せたほうがよいでしょう。

受験準備での父親の役割

　面接対策はもちろん、受験対策全般において父親の役割は重要です。情報収集や学校見学を分担するなど、母親一人の負担にならないように協力しましょう。情報収集を分担することで、父親の志望校に対する理解が深まります。そして、父親の立場でとらえた情報は、お互いの意見を交換する際に不可欠ですし、母親の相談に乗るときにも役立ちます。

　また、小学校受験に熱心になり過ぎるあまり、母子ともに精神的なストレスを抱えることがありますが、これを解消してあげるのも父親の役割です。これから伸ばしてあげたいお子さんの個性について母親とよく話し合い、ストレスがたまらないよう上手にサポートしてあげてください。そして、お子さんには父親が得意なことを通して、五感をフルに使って遊ぶ楽しさを教えてあげましょう。虫捕り、キャッチボー

ル、工作など、父親ならではの遊びを一緒に行うときに、父親がサポート役に徹することで、子どもの自立心や感性が育つと同時に、父親への尊敬の念も育ちます。父子のコミュニケーション量と家族での体験の量が、お子さんの自立を促し、感性を磨くといえるでしょう。

　小学校受験を提案するのは母親の場合が多いですが、父親がそのねらいを理解し協力することは、母親の人格や生き方を認めることを意味します。そのようなご両親に育てられたお子さんは、落ち着きがあり表情も穏やかで、面接官に好印象を持たれるのは言うまでもありません。ご家庭内での役割分担を明確にし、父親も子育てや受験対策に積極的に取り組みましょう。

男児の自立心を育てる方法

　5、6歳の男児は女児に比べて自己中心的な行動や発言が多く、集団で移動する際にも意味もなく騒いだり、無駄な動きをしたりすることが多く見られます。異性である母親には、このような男児の不可解な言動が理解できず、ただやみくもに、「危ないから駄目」「おとなしくしなさい」としかりがちです。常に子どもの言動に目を光らせ、禁止や抑制を強いていると、何をするにも親の顔色をうかがう自立心のない子に育ってしまいます。

　そこで父親は、母親に「この時期の男の子はみんなこういうもの。わが子だけではない」ということを伝えて、安心させましょう。そして、息子さんのそのような言動を目にしたら、なぜそのようなことをするのか話を聞いたうえで、なぜしてはいけないのか、その理由をわかりやすい言葉で説明してあげてください。きちんとできたことに対しては、ほめてあげることも忘れずに。厳しさと優しさを上手に使い分けて、息子さんの自立心を育てましょう。

受験に向けて「人間力」を身につける

　有名小学校が実施している入学試験を調べてみると、考査に行動観察を取り入れる学校が増えているのがわかります。知識ばかりを詰め込まれた子どもではなく、集団の中でコミュニケーション能力を発揮し、他者への気配りができる、自発的にあいさつや片づけができるなど、社会性や協調性も発達した「人間力」が備わっている子どもを、学校側が求めていることがうかがえます。

　前述した通り、5、6歳の男児は自己中心的な言動が多いのですが、逆の面から見れば、人に左右されることがなく、自分の意見をはっきり伝えられる強さがあるといえます。女児の場合は、人に自分のよさを伝えるのが苦手な傾向にありますが、裏を返せば、物静かで落ち着きがあり、聞き上手であるともいえます。このように短所と思えるような言動でも、見方を少し変えればプラス要素となります。

　お子さんの振る舞いや性格を見極め、短所と思えるようなことでもよい方向へ伸びていくように導いてあげましょう。日々の成功体験の積み重ねが自信につながり、自然と「人間力」も育まれていきます。

親が受験に立ち向かう覚悟と姿勢を見せる

　最近は、育児に積極的に参加する父親が多く、願書など出願書類の記入のほか、子どもの考査中にアンケートや作文を書くのも父親というご家庭も増えてきています。

　慶應義塾幼稚舎や慶應義塾横浜初等部では、出願時に志望理由などのほか、指定された書籍を読み、感じるところなどを作文に書いて提出しなければなりません。一度読んだだけでは理解を深めることは難しいため、計画的に読み進めていく必要があります。両親それぞれが読み、意見交換をしながら、願書を作成する方も多くいらっしゃいます。学校が求める保護者像を踏まえたうえで、「親として子どもに伝えたいこと」を書かせる学校もあります。まさに親の入試ともいえるような内容です。

　子どもの資質だけで合否が決定するのではなく、親も子どもとともに受験に立ち向かってきたのかどうかを見られていると言ってもよいでしょう。子どもは親の背中を見て育ちます。親も頑張っているという姿勢をお子さんに見せてあげてください。そして、ご家族でお子さんの合格を勝ち取ってください。

女子校入試のポイントと身につけたい5つの力

社会の変化に伴い、入試や教育制度など女子校の考え方が大きく変わってきています。しかしどの学校も求めるのは、社会性や豊かな感性が備わった子どもたち。こうした力を身につけさせるため、伸芽会では「5つの力」の育成を進めています。

プロフィール

佐藤眞理 先生
Sato Mari

伸芽会教育研究所主席研究員。雙葉小学校150名のほか、聖心女子学院、白百合学園、立教女学院などに多数の合格実績を誇るベテラン教師。確かな情報を基に保護者に的確なアドバイスを送ります。

時代の過渡期、変わり始めた女子校入試

女子校というと、しとやかでお行儀のよい子でないと入学できないと思う方が多いかもしれません。確かにひと昔前までは、お見合いの箔づけの意味合いで名門女子校を受験させる方もいました。しかし、最近の保護者の意識は「将来、自分を生かせる仕事に就き、充実した人生を送ってほしい」という考えに変わってきています。ですから今、人気を集めているのは、しつけだけでなく教科指導にも力を入れ、学力にも定評のある女子校です。

こうした流れを受け、学校側も伝統を守りつつ時代のニーズにどう応えるかを模索しているようです。その結果、入試制度や教育システムを見直し、子どもの資質を重視する学校が増えてきています。

たとえば白百合学園小学校では、以前は出願時に提出する書類の中に、母子手帳を見ないと書けないような非常に細かい家庭調査書がありましたが、今ではそのようなものはありません。東京女学館小学校は、推薦人が必要なＡＯ（アドミッションズ・オフィス）型入試を2000年から実施しています。聖心女子学院初等科では2008年より、初等科から高等科までの12年間を４年ごとに区切るステージ制（４・４・４制）を導入しました。

言い換えれば、「女子校は今、過渡期にある」ので、志望校の教育理念や目指している方向性をしっかり確認しておく必要があるでしょう。とはいえ、学校側が子どもに求めるものは基本的に変わっていません。まず、あいさつや片づけといった生活習慣が身についていること、また、約束事を守り、指示に従って行動できるという社会性や、感じたことを素直に表現できる豊かな感性を持っていることです。実力重視であっても、やはり女子校は女性としての品位、身につけておいてほしい生活習慣や礼儀といった面でのチェックは、男子校や共学校と比べても厳しいと思っていたほうがよいでしょう。

当たり前のことを当たり前にできるように訓練することが「しつけ」です。当たり前の基準は少し厳しめに考えておきましょう。まずは日常を見つめ直し、他人から見て好ましい言動とはどのようなものかを認識し、好ましくない言動をした場合は、「お母さんはこういう言い方のほうがよいと思うわ」「そのやり方はどうかしら？」と問いかけ、正しい生活習慣が身につくように導いていきましょう。

楽しみながら育てたい「5つの力」

伸芽会で育成している5つの力は、受験対策全般に必要なものであり、これらを女子校対策に置き換えると次のようになります。

1.見る力は、母親の行動やしぐさを観察する力です。最も身近な女性である母親の言動は何よりのお手本です。母親はお子さんのよいお手本となるべく、丁寧で美しい所作を心掛けてください。物の扱い方やお茶の入れ方一つにも手を抜かないという姿勢が大切です。

2.聞く力とは、素直に人の声に耳を傾ける力で、キリスト教系の学校が大切にしている資質の一つです。お子さんをしかるときや注意するときも、心に届くような伝え方をすることが素直で謙虚な気持ちを育てます。

3.考える力は、人の気持ちを考える力であり、思いやりの心です。母親が家庭の中心にあって、常に優しさや気遣いを持って接していると、それが家族にも伝わります。女性特有のこまやかな愛情は温かい家庭の中で育まれますので、そのような家庭を築いてください。

4.話す力とは、自分の気持ちをきちんと伝える力であり、自立した女性になるための基本です。どんなに立派な考え方も、言葉で表すことができなければコミュニケーションは成り立ちません。多くの女子校の考査（行動観察）では、グループ遊びを通してコミュニケーション能力が見られます。

5.行動する力は、人のために何かを進んで行う力です。その姿勢を養うために、たとえば、お手伝いをすることは家族の支えや助けになることを伝え、お手伝いができたときはほめて、自信を持たせるようにしましょう。家族間で常に感謝の気持ちを表すようにしていると、自主的にお手伝いをする習慣が身につきます。

面接から自然と伝わる家庭の雰囲気

子どもの社会性や感性を伸ばすうえで肝心なことは、親も子どもとともに成長するという姿勢です。こんなことが身についたらいいなと思って接するのと、こうしなければ試験に受からないと思って接するのとでは、おのずと違ってきます。周囲に気持ちよく受け入れられて、困っている人に手を差し伸べられる子どもに育つようにするためには、自分のことが自分でできることや、人を思いやる気持ちが不可欠です。優しい心を育むには、母親が優しい気持ちで子どもに接することが一番です。

家庭の雰囲気が自然と表れるのが面接であり、学校側はさまざまな質問を通して、子育てに対する保護者の姿勢や家族の在り方を見ています。温かくて、お互いへの愛情が感じられるような家庭であることと、周りの人たちへの配慮ができて、寛容な心が育つような家庭であることをアピールしてください。

面接で120%の力を出すための対策

願書の仕上がりが完璧でも、面接でお子さんが最大限の力を発揮できなければ意味がありません。面接では、今がどのような時間なのかをわきまえて、10〜15分間お行儀よく座り、大人の話に耳を傾けていられるか、自分の思いをきちんと伝えられるかなどが重要です。そのためには事前の準備と対策が必要です。

たとえば、姿勢を正して座っていられない子どもだったら、「足の親指に力を入れて座ってみて」とアドバイスをしたり、落ち着きのない子どもだったら、「今日、楽しかったことを考えてみて」というように、具体的な指示を与えてみたりしましょう。子どもは目標ができると、自然と集中して落ち着いてくるものです。背筋を伸ばして座っていられるのが初めは5分間であっても、毎日少しずつ集中する訓練を積んでいけば、いつの間にか15分くらいの面接にも耐えられるようになっていきます。

面接は子どもの日常にはない状況です。必要以上にお子さんを緊張させないように、保護者が上手にサポートしましょう。「お行儀よくして」よりも、「いろいろな人にあなたのお話を聞かせてあげて」と、面接が楽しくなるような言葉をかけてあげてください。子どもが楽しそうな表情をしていれば、面接官はそこから家族が過ごしてきた豊かな時間と、子どもの可能性を読み取ってくれるはずです。

願書でわが家の思いを伝える

願書に何をどのように書けばよいのか。まずは学校側がどのようなことを知りたいのかを理解することが大切です。そして、家庭の教育方針、子どもの様子や将来の展望を伝えるためにはどうすればよいのか。これらについてわかりやすく説明します。

プロフィール

黒田善輝 先生
Kuroda Yoshiteru
伸芽会教育研究所入試指導室室長。受験指導歴は約40年。深みのある指導で、お子さんの可能性を引き出します。慶應義塾幼稚舎をはじめ、学習院初等科などに数百名の合格者を出しています。

親は子どもにとってお手本

　小学校受験の際、学校側は願書から何を知りたいと思っているのかを、以前、ある有名小学校の先生にうかがったことがあります。その答えは「一つはわが校への理解と信頼度。もう一つはどのような教育方針で子育てをしている、どのようなご家庭なのかを知りたい」というものでした。前者はそのものずばりであり、後者は、ご両親の出身校、職業、学校との関係の有無なども含めた、家庭環境と教育方針の確認です。このように、学校が家庭の情報を重視するのは、子どもにとって親は最も身近なお手本であり、その人生観、家庭観、仕事観などが子どもに反映されるからだといえるでしょう。

　小学校受験を決めたら、まず、ご両親がどのような方針で子どもを育ててきたのかを書き出してみましょう。そして、家庭の中で一番大切にしてきたことと、受験を考えている学校の教育方針との共通項を探ります。願書でも面接でも、それをきちんと伝えることが大切です。

人柄がわかるエピソードを

　学校側に伝えたいことが整理できたら、それを文章にまとめて、実際に願書を書いていきます。その際、いくつかのポイントと注意点があ

ります。たとえば、何にでもチャレンジする元気な子に育ってほしいと思い、たくさん経験させたことを成果とともに列記するのは、多くの方が使いがちな手法です。しかしそれでは結果重視の自慢めいた話になりやすく、よい印象としては残りにくいでしょう。

　そこでお勧めするのが、何か一つのエピソードを掘り下げる書き方です。習い事など熱心に打ち込んでいることや、子どもが興味のあることなどがあれば、その体験を通してわが子がどう成長したか、親も子どものサポートをしながら親の在り方についてどう考え、何に気づいたかなどを書くほうが効果的です。

　以前、伸芽会の教室に、恐竜が好きでたまらないというお子さんが通っていました。絵を描かせても何を作らせても、全部恐竜になってしまうほどでした。その子のお母さんは、「それほど恐竜が好きなら、とことんつき合ってみよう」と決心しました。そして、お子さんが行きたがっていた福井県立恐竜博物館などにも連れていきました。ご両親はその過程とともに、その経験によってお子さんがどのように成長し、ご両親がどのように感じたかを願書につづりました。その結果、志望校に見事合格しました。

具体的なエピソードを通して、ご両親の教育方針はもちろん、お子さんの「考える力」「発見する力」「行動する力」などが先生方に伝わったといえるでしょう。

もう一つ忘れてはならないポイントが、「感謝の言葉」です。特に宗教教育を行っている学校では、感謝の心を育むことがとても大切な教育方針の一つだといえます。ですから文章の中に、「ここまで成長してこられたのは、励まし、助け、支えてくださった方々がいらしたからこそと感謝しています」というような言葉が自然に出てくると、謙虚な姿勢が学校側にも伝わるでしょう。

学校としては、6年以上の年月をともに同じ方向を向いて子どもを教育することのできる家庭を望んでいますから、そこには当然、節度と冷静さが求められます。学校で子どもがトラブルに遭っても、わが子第一に考え独善的になるようなことはなく、落ち着いて対処できる家庭であることを、自分たちの言葉でしっかり伝えることが大事です。

一方で、願書はよいことばかりを書けばいいというものではありません。たとえば、落ち着きのなさなど、面接で判明してしまうことは取り繕わず、あえて今後の課題として挙げるのも一案です。課題に対し「自分たちの思いが反映できず残念に思いますが、引き続き家庭で改善に取り組むとともに、入学後は先生方のご指導を受けながら努力したいと思います」というような文章で、真摯な姿勢を伝えることができるとよいでしょう。

親子の会話を楽しむことから育まれる合格力

時代が変わり、今では、母親が仕事をしていたり、シングルマザーであったりすることが、小学校受験において不利になることはありません。学校側が重視するのは子どもの資質なので、「この子を教えてみたい」と先生方に思わせるような、見たこと、感じたことを素直に表現できる子どもに育てることが重要です。

そのためには常にお子さんと向き合い、会話を楽しむことが大切です。イベントなどにはご家族みんなで参加して、「あれは何かな？」「どうやったらいいと思う？」などと問いかけて会話をしましょう。そのようにして培った考える力や豊かな感性は、人間的な成長を促し、最終的に、合格を勝ち取ることにつながります。

column
慶應義塾横浜初等部の入試の傾向と対策

慶應義塾横浜初等部の入試方法と内容は、系列校の慶應義塾幼稚舎の入試と似ていますが、1つ大きく異なる点があります。例年、幼稚舎の入試では集団テストと運動テストが行われますが、横浜初等部では集団テストと運動テストに加え、ペーパーテストがあることです。

出題内容は話の記憶や理解、推理・思考、常識、観察力などですが、準備に多くの時間を費やさないと解けないような難問ではありません。ただ、解答方法に条件（設問ごとに「△△色の××で○をつけましょう」と、使用する筆記具や色を変えるなど）をつけ、状況への対応力や集中力に優れた子どもを探し出そうとしています。求める子ども像は「個性豊かで何事も主体性を持って行動する子ども」ですが、あくまでも就学後の学習の基盤を、「聞く力（理解する）」「見る力（比べる）」「考える力」ととらえた問題作りがされているので、基本的な問題を中心にしっかり対応できるようにしておく必要があります。

集団テストの制作では発想力や表現力などが見られ、行動観察ではコミュニケーション能力がチェックされます。運動テストでは、模倣体操と連続運動が行われ、物おじせずに挑戦できる子どもかどうかを見られます。日ごろから遊びを通して体を鍛え、さまざまな体験を積み、人前で話をする機会などを意識的に増やしておくことが大切です。そして、自己主張するだけでなく、周囲の考えや気持ちを受け入れることや、上手にできなくても最後まで頑張る意欲が大事であることを、お子さんに伝えてください。

志望校選びの第一歩は情報収集から

志望校に無事入学できても、その学校が子どもに合わないとわかったら取り返しがつきません。後悔しないために準備は万全にしたいものです。お子さんに合った志望校を決めるまでの情報収集はどうすればよいのか、さまざまな視点から提案します。

プロフィール

牛窪基久 先生
Ushikubo Motohisa

伸芽会教育研究所情報企画室室長。40年以上の小学校受験指導歴があり、慶應義塾幼稚舎、暁星小学校に300名以上の合格者を輩出、神奈川県の学校事情にも精通しています。

学校行事に積極的に参加し、情報を集める

年々、私立小学校を志望するご家庭が増えてきており、今や、小学校受験は一部の限られた方々のものではなくなってきています。出生率は減少しているにもかかわらず、有名校は依然として高い人気を誇っています。

お子さんに合った学校を選ぶには、情報収集が必須です。学校のホームページや受験情報誌などからも情報は得られますが、最も有力な情報源となるのが、学校説明会のほか、オープンスクールや運動会、文化祭などの公開行事です。説明会であれば校長先生のお話の「キーワード」、参加している保護者の服装や言葉遣い、文化祭などであれば、先生と児童、児童同士のかかわり方、言葉遣い、卒業生の様子、職員の対応、印象など、細かなことまでメモをしておくとよいでしょう。ただし、安易に写真を撮ることは控えてください。最近の面接では、説明会などでの具体的な印象を問う質問が増えていますので、単に行事に参加したということのないよう気をつけたいものです。

そして、可能であれば公開行事にはお子さんと一緒に参加しましょう。お子さんが志望校に興味を示しているかどうかを表情や言動から読み取ることができますし、あらかじめ学校の雰囲気に慣れておくことで、試験当日もリラックスして考査や面接に臨むことができます。また、学校に何度も足を運ぶことで先生方に顔を覚えてもらえますから、「この学校に入りたい」という熱意も伝わります。

学校のカラーを知る

学校の情報が集まったら、いよいよ志望校を絞り込んでいきます。小学校受験における志望校選びの大きなポイントは、中学校以降と異なり、学校と家庭の教育方針が一致しているかどうか、学校のカラーと子どもの性格が合っているかどうかという点です。

まずは、志望校を選ぶうえで知っておくと役立つ「学校の4つのグループ」について確認しておきましょう。小学校は、「無宗教・共学」「宗教系・共学」「無宗教・別学」「宗教系・別学」という4つのグループに大別され（P.126の小学校分類表参照）、それぞれカラーが異なります。たとえば、無宗教・共学、宗教系・共学、無宗教・別学、宗教系・別学の順に、規律を重んじ、しつけが厳しくなる傾向にあります。ただし、宗教系・別学のグループに属する女子校の名門・雙葉小学校と、田園調布雙葉小

学校、横浜雙葉小学校とでは、同じ系列であってもカラーが少しずつ異なります。また、共学・別学の分類では小学校から大学まで共学の学校、あるいは大学まで別学の学校のほか、小学校は共学でも中学校と高校では別学となり、大学で再び共学になる学校などがあります。小学校は共学で中学から女子校になる学校であれば、男児は中学以降の進学先も検討しておくとよいでしょう。

志望校を決められずに苦慮しているご家庭はもちろんのこと、すでに志望校を決められているご家庭でも、本当にその学校でよいのかを確認できます。場合によっては、志望校選びを一から見直すきっかけにもなるので、4つのグループから最低1校ずつ説明会に参加することをおすすめします。

子どもの将来を見据えて学校を選ぶ

志望校選びでもう一つ重要なのが、小学校から先の進路です。志望校には系列の上級学校があり一貫教育を行っているのか、上級学校がなく中学以降の進路を考える必要があるのか、などを調べておきましょう。一貫校では、大学まで内部進学する割合が高い（慶應義塾幼稚舎、青山学院初等部、立教小学校など）か、または、系列大学には内部進学せず他大学を受験する割合が高い（白百合学園小学校、東洋英和女学院小学部など）か、などもポイントです。「一定水準の成績を収めていれば系列大学まで内部進学できる」という学校に入学できれば、その後は受験と無縁になりますから、勉強だけでなく、クラブ活動や習い事などにも力を注ぐことができます。一方、系列の上級学校がない学校では、中学受験を見据えたカリキュラムが組まれるなど、万全の受験対策が取られることが多く、進学実績の高い中高一貫校や、その先の難関大学に挑戦しやすくなります。

学校への理解が大切

志望校の情報収集に手を抜いてしまうと、入学後に取り返しのつかない事態に陥ることもあります。よく耳にするのが、「子どもが学校の雰囲気になかなかなじめない」というケースです。しかし、実際に保護者の方から話を聞いてみると、お子さんと学校の相性というより、学校とご家庭の教育方針が合っていないという場合がほとんどです。

たとえば「学校で先生に厳しく注意された」とお子さんが言ったとします。それに対し、保護者が「悪いことをすればお母さんも注意するでしょう」と答えれば、お子さんは「悪いのは自分だ」と認識して反省につながります。保護者が「そんなに怒らなくてもいいのにね」と答えたら、お子さんは「自分は悪くない。先生が悪いのだ」ととらえるでしょう。先生や学校への不信感が芽生えてしまうことにもなりかねません。また、入学当初の送迎や学校行事、活動など、保護者に求められる協力の度合いも学校によってさまざまです。あらかじめこのような点もしっかり理解しておくことが大切です。

学校側も、願書の内容や面接などから、「このご家庭は教育に対してどれくらい熱心なのか」「わが校のカラーに合うご家庭なのか」を見極めます。もし、合わないと判断された場合は、たとえ子どもが考査で基準以上の成績を残したとしても不合格にされてしまうこともあります。それが私立小学校であり、だからこそ、一定の質が保たれているといえるでしょう。

幼児期に育むべきものは何か？

多くの場合、学校が求めているのは、入学後に学力とともに「人間力」が伸びる素質のある子どもです。ある先生が幼稚園から小学校時代の子どもを草木にたとえ、「幼稚園時代は根を育て、栄養を蓄える時期。小学校時代は花を咲かせ、実をならせる時期です」とおっしゃっていました。つまり、入学後に「人間力」を伸ばすためには、幼稚園での集団生活を通して社会性や感性を育み、しっかりと定着させることが大切だということです。ご両親はお子さんにさまざまな経験をさせ、興味・関心を引き出すことを心掛けてください。そうすることで好きなことも見つかります。すると活動の意欲も高まり、個性も育まれていくでしょう。その先に、その子に合った学校が見えてくるはずです。

国立大附小と慶應幼稚舎の魅力と受験での注意点

どのような子どもに入学してほしいかは、学校の教育理念などにより異なります。ここでは人気のある国立大附属小と慶應義塾幼稚舎を取り上げました。どちらも魅力的な特徴があります。受験をするうえでチェックしておくべきポイントを確認しましょう。

プロフィール

桑名高志 先生
Kuwana Takashi

伸芽会教育研究所理事。受験指導歴は約45年。慶應義塾幼稚舎をはじめとする名門校へ700名以上の合格者を送り出し、お子さんや保護者から絶大な信頼を寄せられています。

国立大附属小の最大の魅力とは？

小学校の入試において共通して言えることは、国立でも私立でも、その子どもが集団の中に入って学習する準備ができているかを見るということでしょう。入試の際に字が書ける、計算ができるということは求められていません。むしろ、あいさつや身の回りのことが自分でできる、人の話に耳を傾ける、自分の思いがきちんと言えるといった、生活習慣や社会性、自立心が年齢相応に身についているかが重要です。

筑波大、お茶の水女子大、東京学芸大などの国立大附属小は、私立小とは異なる点がいくつかあります。まず、国立大附属小は①初等普通教育の研究の場であること、②全国の現役の先生方に研究成果を発表すること、③教育実習を通して教員養成課程の大学生を指導すること、の３つを使命としています。そのため、国立大附属小の先生方の指導レベルは教育界のトップクラスにあり、その先生方から直接指導を受けられるのが最大の魅力でしょう。

また、国立大附属小の考査では抽選での選抜があることも私立小とは異なります。運によって結果が左右される面はありますが、裏を返せば、優秀な子どものみを求めているわけではないことがわかります。

国立大附属小は、初等教育に関する実験や、実証的な研究を行うことを任務としているため、新しい課題や事物に興味や関心を持つことができる、年齢相応の標準的な子どもを望んでいます。たとえば、授業で何ヵ月もかけて川の源流探しをしたり、演技表現や学校探検をしたりするなど、一つのことをとことん掘り下げる課題があります。率先して動ける子、積極的に自分の思いを発表できる子、荒波にもまれてもへこたれないような子は、入学後、その能力がさらに伸びていくでしょう。その一方で、教室の隅で本を読みふける子に対しても、それを個性として認めてくれる懐の深さがあるのも国立大附属小の特色です。

国立大附属小の内部進学状況

小学校受験をお考えの保護者の方の中には、国立大附属小は私立小に比べて学費がかからない、宿題があまりないなどの理由と、国立大附属という圧倒的なブランド力から、気軽に「記念受験」をしてしまう方がいらっしゃいます。中には、「運よく国立大附属小に合格してしまえば、その後は大学まで進学できる」と思っていらっしゃる方もいるようです。しかし国立大

附属小では、系列の中学校や高校がある場合でも、全員が内部進学できるわけではありませんし、系列大学への内部進学制度もありません。

たとえば、東京学芸大学附属小金井小学校では系列中学校に進学するのは約70％で、系列中学校から系列高校への進学は約30％です。小学校から高校まで内部進学できる割合はさらに低いので、小学校に入学できたとしても、後に厳しい現実に直面する可能性があることを、念頭に置いておく必要があるでしょう。内部進学ができないことがわかってから対策を講じても間に合いません。常日ごろからの学力向上への努力や、早い段階から計画的に受験準備を進めることが必要となります。

そもそも国立大の附属校はエリートを育てることを目的としていないため、当然、受験のための進学指導やカリキュラムはありません。国立大附属小の受験をお考えになる際は、こうしたことを踏まえて判断してください。

慶應義塾幼稚舎の理念と魅力

私立小学校の中で最も人気が高いといわれるのは、慶應義塾幼稚舎です。幼稚舎の教育では、福澤諭吉の理念である「独立自尊」の教えを重視し、実践しています。「独立」とは自ら問題を見つけて解決する能力、つまり自立です。「自尊」は自らを大切にすることで、ひいては他人を大切にすることにつながります。他人を認め、助け合い、お互いに高め合う関係を築いていく、という理念のもとに、独自の取り組みを行っています。

たとえば、縄跳び大会などの運動、百人一首のカルタ会、絵や書道などの作品展において優秀者を表彰し、みんなでほめたたえ認め合うという活動があります。また、このように大きな大会ではなくても、得意な分野で活躍することができるような環境も整っています。また、幼稚舎はクラス替えがなく、同じ担任が持ち上がることも大きな特徴です。担任は6年間にわたり、児童一人ひとりの学習と成長をしっかりサポートします。6年という年月を同じクラスで過ごすことにより、友達との間には真の友情が芽生え、先生と児童は強い絆で結ばれて、信頼関係を築くことができます。さらに、幼稚舎にはいわゆるPTAがなく、保護者に協力を求めることが少ないのも特徴の一つでしょう。

慶應義塾幼稚舎の願書と考査について

入学志願書には、例年、志望理由などを書く自由記入欄と「子どもを育てるにあたって福澤諭吉の著書『福翁自伝』を読んで感じるところ」を記入する欄があります。自伝を読ませる理由は、福澤諭吉の思想や「独立自尊」の理念を理解してもらい、子育てにおいて共感する部分があるかどうか、慶應義塾の建学の精神や教育方針に賛同しているかを見るためでしょう。

自由記入欄には、「わが家の教育方針や願いについて」「慶應義塾のどのようなところに期待（共感）して、その教育をわが子に受けさせたいと切望しているか」など、志望理由を明確かつわかりやすく書くことが大切です。具体的なエピソードを交えて、お子さんの個性や長所をしっかりと伝えることも大事です。『福翁自伝』についての記入欄に書く際、「独立自尊」や「先ず獣身を成して後に人心を養う」などの福澤諭吉の言葉をそのまま使われる方がいますが、ご自身の言葉で平明に表現するほうがよいでしょう。

考査は、集団テストと運動テストが男女別々で行われます。集団活動を通して、子ども同士のかかわり方や行動力、判断力、表現力などが見られます。たとえば、テーマに沿って制作したり絵を描いたりする、ルールに従って集団遊びやゲームを行う、指示通りに体を動かしたり、3、4人で連続した運動の競争をしたりするなど、幼稚舎ならではのテストが行われています。学校側はそのような活動を通して、子どものきらりと光る一面を見つめています。

豊かな発想力、自立心、社会性を身につけ、何か得意なことを持っている子どもは自信にあふれ、積極的に課題に挑戦していきます。ご家庭でもさまざまな体験や遊びを通して、お子さんの一番得意なこと、自信のあることを伸ばしてあげてください。

小学校分類表

縦の項目名は宗教の有無、共学・別学、地域を、横の項目名は内部進学のできる附属・系列校がどこまであるかを示しています。

			小学校	中学校	高校	大学
無宗教	共学	東京				学習院* 国立音大附 慶應幼稚舎* 昭和女子大昭和* 菅生学園 成蹊 成城学園 玉川学園 帝京大 東京都市大付* 東京農大稲花 桐朋 桐朋学園* トキワ松学園* 新渡戸文化 明星 和光 早稲田実業
					国本* 品川翔英 聖徳学園 明星学園 お茶の水女子大附* 筑波大附 学芸大大泉 学芸大小金井 学芸大世田谷 学芸大竹早	
				清明学園 武蔵野東		
			国立学園			
		神奈川				鎌倉女子大* 慶應横浜初等部 相模女子大* 日大藤沢
					湘南学園 精華* 洗足学園* 桐蔭学園 桐光学園* 森村学園 横浜国大横浜	
				横浜国大鎌倉		
			LCA国際			
		埼玉				開智
					さとえ学園 西武学園文理 星野学園	
				埼玉大附		
		千葉			昭和学院 聖徳大附 千葉日大第一	
				日出学園		
			千葉大附			
		茨城			江戸川学園取手 開智望	
		関西			関西大 立命館	
	別学	東京			川村 日本女子大豊明	
				東京女学館		
宗教系	共学	東京				青山学院 淑徳* 聖学院* 星美学園* 東京三育 文教大付
					啓明学園 晃華学園* 自由学園* 聖ドミニコ学園* 東星学園 宝仙学園 目黒星美学園*	
				サレジオ*		
			むさしの学園			
		神奈川				関東学院 関東学院六浦 清泉* 横浜三育
					青山学院横浜英和 カリタス* 聖セシリア* 聖ヨゼフ学園 捜真* 横須賀学院	
			聖マリア			
		埼玉			浦和ルーテル学院	
		千葉			暁星国際 成田高付	
		関西				関西学院 同志社
					洛南高附	
	別学	東京				白百合学園 聖心女子学院 東洋英和女学院 立教 立教女学院
					暁星 光塩女子学院 田園調布雙葉 雙葉	
		神奈川			湘南白百合学園	
				横浜雙葉		
		千葉			国府台女子学院	

＊…中学・高校は男女別学になる、または別学の選択肢がある学校。P.127参照

小学校は共学で、中学・高校は男女別学か別学の選択肢がある学校

縦の項目名は宗教の有無、地域、共学・男女の別を、横の項目名は男女別学または別学の選択肢がある学校を示しています。

			中学校	高校
無宗教	東京	女子	国本　昭和女子大昭和　トキワ松学園	
		男子／女子	学習院　桐朋　桐朋学園	
		共学／男子	東京都市大付	
		共学／女子 ※中学は共学、高校は女子	お茶の水女子大附	
		共学／男子／女子 ※中学は共学／男子、 高校は共学／男子／女子	慶應幼稚舎	
	神奈川	女子	鎌倉女子大　相模女子大　精華　洗足学園	
		男子／女子	桐光学園	
宗教系	東京	女子	晃華学園　星美学園[1] 聖ドミニコ学園　目黒星美学園[2]	
		男子	サレジオ	
		男子／女子	自由学園[3]　聖学院	
		共学／女子	淑徳	
	神奈川	女子	カリタス　聖セシリア　清泉　捜真	

「男子／女子」は男子校と女子校の両方、または男女別クラスがある学校
「共学／男子」は共学校と男子校の両方がある学校
「共学／女子」は共学校と女子校の両方がある学校
「共学／男子／女子」は共学校と男子校と女子校がある学校

※1…2022年度より共学化予定
※2…2023年度より共学化予定
※3…2024年度より共学化予定

名門も、難関校も！ 小学校受験を決めたら〈三訂版〉

2011年7月5日　　初版第1刷発行
2020年6月11日　改訂新版第5刷発行
2024年1月31日　三訂版第2刷発行

監修	伸芽会教育研究所
発行	株式会社伸芽会
	〒171-0031
	東京都豊島区目白3-4-11-4F
	販売(03)6908-0959
	編集(03)6908-1559
	URL　https://www.shingakai.co.jp

表紙イラスト・本文マンガ	佐藤竹右衛門
キャラクター	榎本奈智恵
本文イラスト	コバヤシ・カズエ
企画・編集	伸芽会出版部編集室
デザイン・DTP	トロア企画株式会社
編集協力	有限会社オフィス朔
Director	サトウクミ
Editor	瀬川彰子　久保田裕子　山本香織

定価2750円(本体2500円＋税10%)

許可なしに転載・複製することを禁じます。
乱丁・落丁がありましたらお取り替えいたします。

印刷・製本	TOPPAN株式会社

本書に関するご意見をお寄せください。

■伸芽会 読者アンケートサイト
https://questant.jp/q/Y9K1MFOH